LES ANNALES OFFICIELLES DU

TAGE MAGE®

3e édition

FNEGE

Fondation Nationale pour l'Enseignement
de la Gestion des Entreprises

FNEGE
Fondation Nationale pour l'Enseignement
de la Gestion des Entreprises

La Fondation Nationale pour l'Enseignement de la Gestion des Entreprises (FNEGE) est un établissement reconnu d'utilité publique. Fédératrice de l'ensemble des établissements d'enseignement supérieur de gestion (Universités et Grandes Ecoles), elle contribue à la qualité de l'enseignement et au maintien des meilleurs standards internationaux.

La FNEGE a, depuis une trentaine d'années, développé des tests d'évaluation des aptitudes aux études de gestion, qui s'adressent aux étudiants francophones, dont le TAGE MAGE, devenu un test de sélection de référence.

ISBN : 978-2-86897-100-5

Editeur © FNEGE
Fondation Nationale pour l'Enseignement de la Gestion des Entreprises
2 avenue Hoche - 75008 Paris
Fondation reconnue comme établissement d'utilité publique
par décret du 15 mai 1968

www.fnege.fr

TAGE MAGE®
est une marque déposée par la FNEGE.

www.tagemage.fr

AVERTISSEMENT

Extrait du règlement

TAGE MAGE® est une marque enregistrée par la FNEGE, laquelle ne peut être reproduite ou utilisée sans le consentement préalable et écrit de la FNEGE.

Les épreuves du TAGE MAGE® sont protégées par les dispositions du Livre Ier du Code de la Propriété Intellectuelle. Toute divulgation, reproduction, retranscription, représentation ou communication au public de tout ou partie de ces épreuves sans le consentement préalable et écrit de la FNEGE est susceptible d'être qualifié d'acte de contrefaçon au sens des articles L. 335-2 et suivants du Code de la Propriété Intellectuelle.

Plus généralement, le TAGE MAGE® étant un test d'aptitudes, la FNEGE rappelle au candidat le caractère strictement confidentiel des épreuves. Les candidats s'interdisent de les divulger à des tiers par tout mode de communication tant oral qu'écrit ou de les utiliser à toutes fins tant privée, professionnelle que commerciale.

Tout manquement au présent article sera sanctionné par l'exclusion définitive du test TAGE MAGE®. Toute déclaration fausse, erronée, falsification de documents, attestation de résultats TAGE MAGE® entraînera des poursuites pénales. Il est ainsi rappelé que toute personne effectuant une fausse déclaration ou falsifiant les attestations délivrées par la FNEGE est susceptible d'être poursuivie des chefs d'escroquerie, faux et usage de faux conformément aux dispositions des articles 313-1 et 441-1 du Code Pénal.

Règlement disponible sur le site www.tagemage.fr.

SOMMAIRE

Numéro de page

PRÉSENTATION DU TAGE MAGE

Le test TAGE MAGE est un test d'aptitudes. Il ne repose pas sur des connaissances spécifiques telles que l'économie, mais sur des compétences générales de nature linguistique et de raisonnement. En conséquence, il permet à des candidats de formations très variées, scientifiques ou littéraires, de tenter leur chance avec une probabilité significative de réussite.

Les différentes versions du test TAGE MAGE sont de niveaux de difficulté équivalents et ce, grâce à un suivi statistique approfondi. Ce dernier permet de contrôler les niveaux de difficultés des sous-tests et de chacune des questions. En conséquence, les analyses statistiques de toutes les versions du test servent à l'élaboration de chaque nouvelle version.

Le test TAGE MAGE est un outil d'évaluation et de sélection aux études supérieures de gestion et de management permettant d'**évaluer les aptitudes d'étudiants désirant entreprendre ou poursuivre un cursus de formation dans une filière de management**, en formation première ou continue. Créé en 1996, le TAGE MAGE résulte de la fusion de deux tests d'aptitudes (le TAGE, géré par la FNEGE, et le MAGE, développé par l'EM LYON) et est devenu le test de sélection de référence en gestion.

Le TAGE MAGE vise à évaluer des compétences dans trois domaines :

- Résolution de Problèmes : sous-test 2 Calcul et sous-test 4 Conditions Minimales,
- Aptitudes Verbales : sous-test 1 Compréhension et sous-test 5 Expression,
- Raisonnement Logique : sous-test 3 Raisonnement et sous-test 6 Logique.

Plus précisément, le test TAGE MAGE comprend six sous-tests. Chacun est constitué de 15 questions et doit être passé impérativement dans un temps limite de 20 minutes. Le test comprend donc en tout 90 questions pour une durée totale de passation de deux heures. La gestion du temps est un élément essentiel de la passation qui doit être intégré dans tout entraînement à la passation d'un test.

Aptitudes verbales : 2 sous-tests

- **Sous-test 1. Compréhension d'un texte écrit :** teste la capacité du candidat à maîtriser le processus de lecture
- **Sous-test 5. Expression :** teste la capacité à apprécier la conformité du message aux usages, à synthétiser et à reformuler, à intégrer la cohérence d'un discours

Aptitudes à la résolution de problèmes : 2 sous-tests

- **Sous-test 2. Calcul :** teste la maîtrise de savoirs mathématiques élémentaires et la capacité à formuler un problème sous forme mathématique
- **Sous-test 4. Conditions minimales :** teste les capacités de raisonnement, d'extraction de données pertinentes, d'inhibition de données non pertinentes

Aptitudes aux raisonnements logiques : 2 sous-tests

- **Sous-test 3. Raisonnement :** teste les capacités de raisonnement, de jugement, de prise de décisions
- **Sous-test 6. Logique :** teste la capacité à regrouper des informations selon un critère commun

Le test TAGE MAGE est un Questionnaire à Choix Multiple (QCM). Cinq réponses possibles sont proposées pour chacune des réponses et une seule d'entre elles est correcte. Il est fortement conseillé au candidat de ne répondre qu'avec précaution car les mauvaises réponses sont sanctionnées par des points négatifs. Dans le doute, il vaut mieux ne pas répondre.

Le test TAGE MAGE est un outil de sélection aux études de gestion et de management. Spécifiquement conçu pour des étudiants de niveau Bac+3/Bac+4, il vise à évaluer les aptitudes des candidats à la mémorisation, à la compréhension, à l'analyse, au raisonnement et à la résolution de problèmes.

Ces informations peuvent être utilisées en complément d'autres procédures de sélection : dossiers, tests de connaissances, présentation d'un mémoire, entretiens.

UN OUTIL DE SÉLECTION INCONTOURNABLE

Le TAGE MAGE est LE TEST de sélection de référence pour les études de gestion, reconnu aussi bien en France qu'à l'étranger et utilisé par des établissements divers.
Le test TAGE MAGE est aujourd'hui utilisé par une cinquantaine d'établissements et de formations (grandes écoles et universités) pour l'admission dans les programmes universitaires, les écoles supérieures de commerce ou les cycles de formation permanente.

Près de 20 000 candidats passent, chaque année, le test TAGE MAGE.

Il permet aux établissements, à partir d'un score établi sur 600, d'évaluer et de classer les candidats selon des critères qui leur sont propres et en complément d'autres tests. Le TAGE MAGE est divisé en parties, et un score est calculé pour chaque partie. Ainsi, l'établissement aura la possibilité de procéder à des évaluations fines en fonction des profils de recrutement.

UN TEST FIABLE ET DE QUALITÉ

Le test TAGE MAGE est conçu par des équipes d'universitaires et d'experts qui possèdent tous une longue expérience dans la réalisation, l'étalonnage et la rédaction de tests d'aptitudes. Un Comité Scientifique, indépendant de l'équipe de conception, composé de représentants des établissements utilisateurs, fixe le cahier des charges du test, supervise l'élaboration et la validation des épreuves et décide de leurs évolutions et de leurs adaptations éventuelles.

Le test est sans cesse renouvelé, adapté et évolue constamment en fonction de l'évaluation quantitative et qualitative des exercices inclus dans le test.

UN TEST ACCESSIBLE, ÉQUITABLE ET POLYVALENT

Le TAGE MAGE est un test d'aptitudes et non de connaissances, il ne demande aucune compétence particulière en gestion. **Il offre donc les mêmes chances de réussite à chaque candidat, quel que soit son profil académique**, mais aussi quels que soient ses moyens, car il n'est possible de passer le test qu'une fois par an.

De plus, c'est un test polyvalent qui mesure aussi bien les aptitudes du candidat (dans des domaines variés : mathématiques, français, logique...) que ses qualités personnelles (gestion du temps, du stress, capacité d'adaptation...).

UNE GRANDE SIMPLICITÉ D'UTILISATION

Le TAGE MAGE, très simple d'utilisation, est proposé sous forme de QCM. C'est un test clé en main, proposé par la FNEGE, qui s'occupe de l'organisation des sessions tout au long de l'année, ou laisse la possibilité aux établissements de les organiser en leur sein. L'organisation et la passation du test peuvent se faire très rapidement (une semaine avant la date prévue).

UNE INSCRIPTION PEU COÛTEUSE

Le TAGE MAGE reste un test peu coûteux pour le candidat, qui s'acquitte d'un droit d'inscription de 60€ (France métropolitaine et Outre-Mer : Nouvelle-Calédonie, Réunion et Martinique) ou de 120€ (étranger).

UN OUTIL MODERNE ET UN SERVICE DÉDIÉ

Le TAGE MAGE est passé au «tout numérique» : les candidats ont un accès Internet dédié pour télécharger des documents (convocation) ou consulter les résultats sur le site www.tagemage.fr.

Des applications TAGE MAGE sont également proposées sur iPad et iPhone pour mettre le candidat en conditions réelles.

Une équipe, dédiée au TAGE MAGE, vous assure la confidentialité des données et répond à toutes vos interrogations : tagemage@fnege.fr.

De très nombreuses sessions TAGE MAGE sont organisées (par la FNEGE ou par l'établissement) tout au long de l'année en France. Vous pouvez passer le test TAGE MAGE dans la ville de votre choix quelle que soit la formation à laquelle vous postulez.

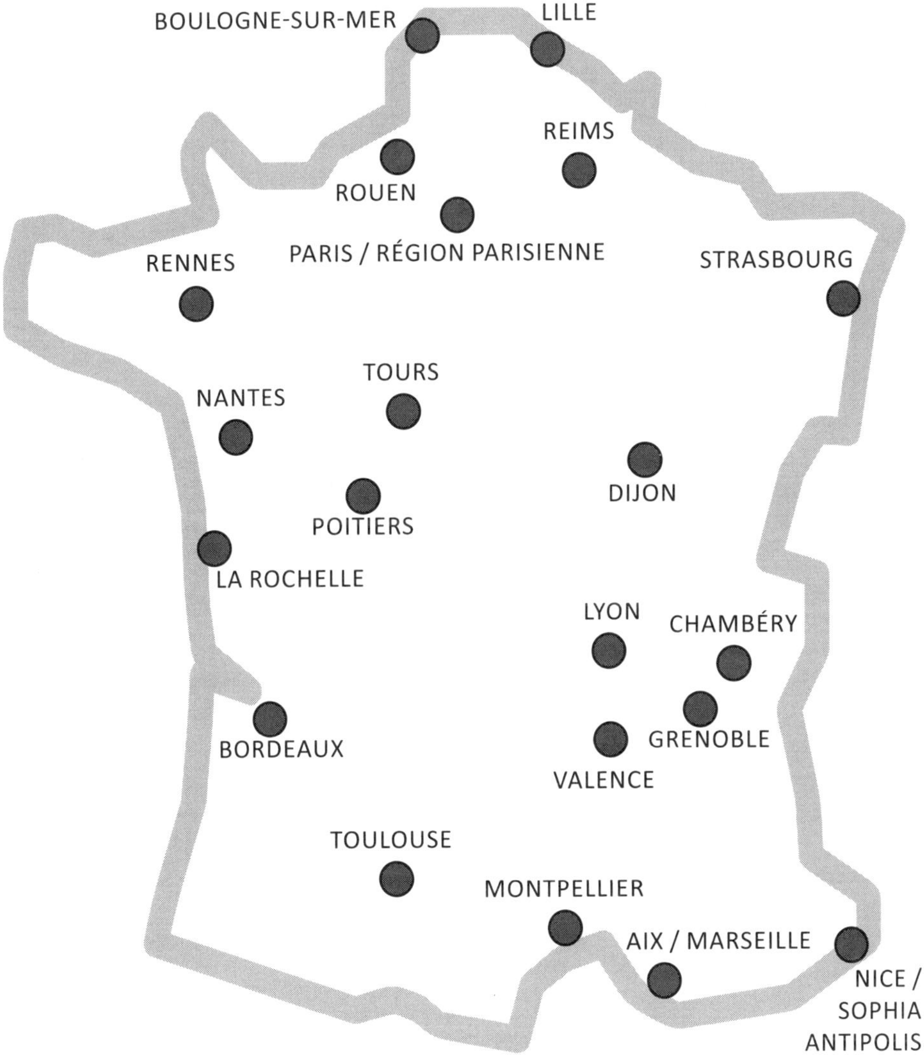

+ OUTRE-MER : RÉUNION, MARTINIQUE, NOUVELLE-CALÉDONIE

Des sessions TAGE MAGE sont également organisées (par la FNEGE ou par l'établissement) ponctuellement à l'étranger, dans certains pays.

Vous pouvez passer le test TAGE MAGE dans le pays de votre choix quelle que soit la formation à laquelle vous postulez.

Si vous souhaitez passer le TAGE MAGE à l'étranger, renseignez-vous auprès du service international du TAGE MAGE (tm-international@fnege.fr).

Des sessions sont donc susceptibles d'être organisées dans les villes suivantes :

- Alger (Algérie)
- Yaoundé (Cameroun)
- Abidjan (Côte d'Ivoire)
- Djibouti (Djibouti)
- Casablanca, Marrakech, Settat (Maroc)
- Dakar (Sénégal)
- Tunis (Tunisie)
- Beyrouth (Liban)
- Buenos Aires (Argentine)
- Québec (Montréal - Canada)
- Santiago (Chili)
- Bogota (Colombie)
- San José (Costa Rica)
- Chicago, New York, San Diego, San Francisco, Washington (Etats-Unis)
- Mexico (Mexique)
- Lima (Pérou)
- Sydney (Australie)
- Canton, Pékin, Shanghai, Wuhan (Chine)
- Tokyo (Japon)
- Bangalore, Mumbai (Inde)
- Singapour (Singapour)
- Hanoï, Ho Chi Minh Ville (Vietnam)
- Bonn (Allemagne)
- Copenhague (Danemark)
- Helsinki (Finlande)
- Londres (Royaume-Uni)
- Milan (Italie)
- Varsovie (Pologne)
- Bucarest (Roumanie)
- Moscou (Russie)
- Istanbul (Turquie)

MON SCORE AU TAGE MAGE

Beaucoup de gens confondent un test avec un examen. La finalité des deux est différente et leur confusion conduit souvent à de mauvaises interprétations.

Un examen a pour but d'évaluer un niveau de compétence ou de connaissance. Ainsi, les professeurs de collège et de lycée organisent régulièrement des devoirs sur table pour vérifier que leurs élèves ont appris et compris leurs leçons. La question qu'ils se posent est la suivante : "Mes élèves ont-ils le niveau requis ?".

En revanche, **un test se propose de classer un ensemble de candidats sans restriction de niveau particulier de connaissance ou de compétence**. En conséquence, on peut être bon à un examen et mauvais à un test de contenu équivalent et réciproquement.

Ce paradoxe apparent peut être expliqué par un exemple simple. Imaginons que vous obteniez la note de 15 sur 20 à un examen de mathématique. La conclusion évidente est que vous possédez un bon niveau en mathématique. Mais si les trois quarts de vos camarades ont plus de 15, votre note change de signification. Par rapport aux autres, vous êtes plutôt mauvais.

Dans le cas d'un examen, vous devez atteindre un seuil, **dans le cas d'un test vous devez chercher à obtenir le meilleur classement possible**. Ainsi fonctionne le TAGE MAGE. Au TAGE MAGE vous n'êtes pas bon en soi, vous êtes plus ou moins bon par rapport aux autres. Le test TAGE MAGE n'est donc pas sanctionné de réussite ou d'échec en tant que tel, chaque établissement utilisant le score selon ses propres critères.

En conséquence, un bon test et un bon examen ne possèdent pas les mêmes qualités. Les qualités d'un examen se définissent avant tout par son contenu alors que celles d'un test sont relatives à sa capacité à discriminer le plus finement possible les candidats les uns par rapport aux autres.

Afin d'éliminer les stratégies de réponses au hasard durant le test TAGE MAGE, les **mauvaises réponses sont sanctionnées**. L'espérance mathématique de performance pour un candidat choisissant de répondre au hasard est donc égale à zéro.

Une seule réponse sur les cinq proposées est juste, chaque bonne réponse rapportant des points. L'absence de réponse, quant à elle, ne retire pas de point.

Vous trouverez ci-dessous un exemple de grille de réponses fournie lors de la passation du test TAGE MAGE :

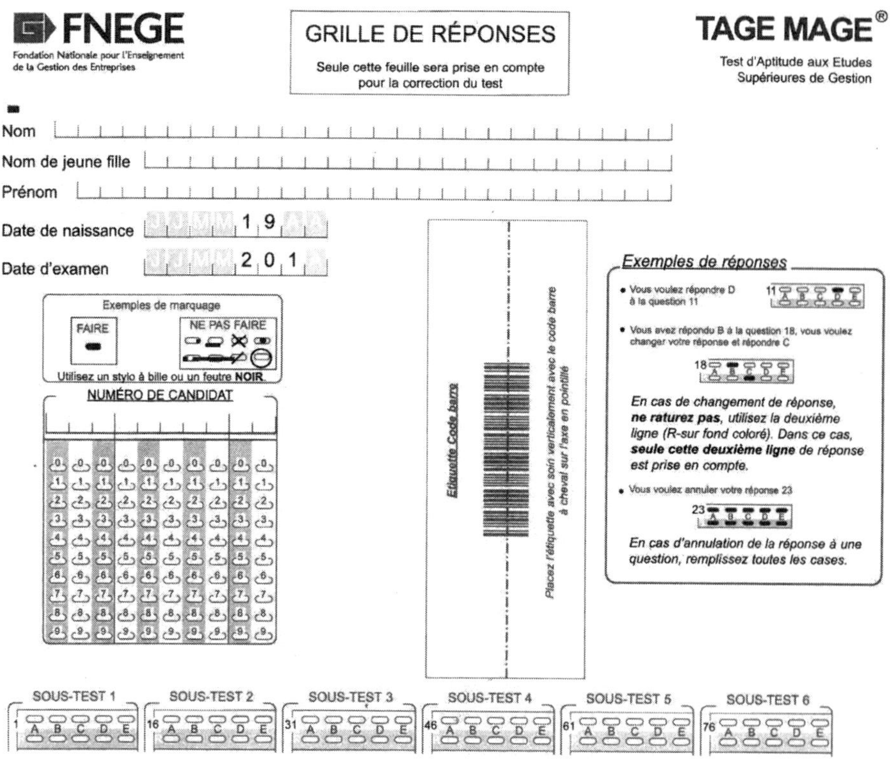
FNEGE
Fondation Nationale pour l'Enseignement de la Gestion des Entreprises

GRILLE DE RÉPONSES
Seule cette feuille sera prise en compte pour la correction du test

TAGE MAGE®
Test d'Aptitude aux Etudes Supérieures de Gestion

Nom
Nom de jeune fille
Prénom
Date de naissance J J M M 1 9 A A
Date d'examen J J M M 2 0 1 A

Exemples de marquage
FAIRE
NE PAS FAIRE
Utilisez un stylo à bille ou un feutre NOIR

NUMÉRO DE CANDIDAT

Etiquette Code barre
Placez l'étiquette avec soin verticalement avec le code barre à cheval sur l'axe en pointillé

Exemples de réponses
- Vous voulez répondre D à la question 11
- Vous avez répondu B à la question 18, vous voulez changer votre réponse et répondre C

*En cas de changement de réponse, **ne raturez pas**, utilisez la deuxième ligne (R-sur fond coloré). Dans ce cas, **seule cette deuxième ligne** de réponse est prise en compte.*

- Vous voulez annuler votre réponse 23

En cas d'annulation de la réponse à une question, remplissez toutes les cases.

SOUS-TEST 1 — 1 A B C D E
SOUS-TEST 2 — 16 A B C D E
SOUS-TEST 3 — 31 A B C D E
SOUS-TEST 4 — 46 A B C D E
SOUS-TEST 5 — 61 A B C D E
SOUS-TEST 6 — 76 A B C D E

Le calcul de la note finale d'un candidat au TAGE MAGE est réalisé selon une procédure stricte représentée dans le tableau ci-après :

ÉPREUVES	NOMBRE DE QUESTIONS	DURÉE	SCORE PAR ÉPREUVE	SCORE FINAL
ÉPREUVE 1 RÉSOLUTION DE PROBLÈMES	30	40 mn	60	Moyenne des épreuves 1, 2 et 3 x 10 Score final sur 600
Calcul	15	20 mn		
Conditions minimales	15	20 mn		
ÉPREUVE 2 APTITUDES VERBALES	30	40 mn	60	
Compréhension	15	20 mn		
Expression	15	20 mn		
ÉPREUVE 3 RAISONNEMENT LOGIQUE	30	40 mn	60	
Raisonnement	15	20 mn		
Logique	15	20 mn		

Ainsi la note au TAGE MAGE fluctue entre -150 points et 600 points.

SE PRÉPARER AU TAGE MAGE

Dans ce chapitre, **nous allons vous prodiguer quelques conseils généraux pour la passation du test.** Ces conseils peuvent paraître évidents pour certains, mais ils n'en sont pas moins très importants. D'autant plus qu'ils reposent sur une longue expérience et ont largement fait leurs preuves. Pour passer un test, quel qu'il soit, il faut se mettre avant tout dans de bonnes prédispositions psychologiques.

La passation d'un test provoque ce qu'il est convenu d'appeler un état de stress. Il se définit comme une situation de défi à laquelle un individu doit faire face. Ici, il s'agit d'atteindre la performance maximale afin de maximiser ses chances de réussite. Cette situation provoque des modifications physiologiques et psychologiques telles qu'une accélération du rythme cardiaque et de la respiration, une transpiration, une hypertonie (tension élevée de certains muscles) et un sentiment diffus d'anxiété. Ces symptômes sont plus ou moins forts selon les individus. Le stress peut avoir des effets positifs ou au contraire désastreux selon la manière dont nous le gérons.

La passation d'un test mobilise de nombreuses ressources intellectuelles : mémoire, attention. Un état de stress mal contrôlé va provoquer des déficiences mnésiques (de la mémoire) et attentionnelle. Ce phénomène est bien connu des personnes qui ont participé à des jeux télévisés. Répondre à des questions de connaissances générales chez soi, dans la tranquillité en regardant la télévision n'est pas une situation stressante. En revanche, avoir la même activité sur un plateau de télévision nécessite de gérer une situation stressante sous peine d'être fortement handicapé. C'est ainsi que nous pouvons nous trouver dans des contextes dans lesquels nous éprouvons de grandes difficultés, comme une incapacité à répondre à des questions dont nous connaissons ou dont nous pourrions trouver la réponse. Ceci est dû au fait que notre mémoire et notre attention sont des mécanismes fragiles qui peuvent être profondément perturbés par nos états internes.

Comment gérer une situation stressante ? Il faut à la fois s'y préparer dans les jours qui précèdent afin de l'anticiper et adopter des comportements spécifiques et adaptatifs au cours de cette situation.

Dans le cas qui nous concerne, il convient, quelques jours avant la passation et principalement la veille, d'**adopter un certain mode de vie**. Ne pas se coucher trop tard, essayer de bien dormir, se distraire l'esprit afin de ne pas être obsédé, éviter l'alcool, dont l'abus a des effets très néfastes sur l'attention et la mémoire, sont les éléments d'un bon mode de vie préparateur à une situation stressante. L'utilisation de certains médicaments tels que des somnifères ou des tranquillisants doit faire l'objet d'une grande précaution. En effet, ce type de substance peut faire baisser le niveau d'anxiété mais au prix d'une baisse importante de l'attention.

Par ailleurs, nous conseillons aux candidats d'éviter de se surentraîner en particulier durant les derniers jours qui précèdent la passation.

Enfin, d'un point de vue général, se préparer à une situation stressante, c'est aussi relativiser son importance. Certes, l'échec est douloureux et frustrant, mais il fait partie des règles du jeu et, comme on dit, "de la vie". Il ne doit pas être considéré comme un drame. En conséquence, il faut se mettre dans les meilleures conditions possibles pour réussir mais aussi avoir à l'esprit que l'on peut rater sa passation sans être "un mauvais" ou "un nul".

Durant la passation, les causes d'échec sont essentiellement liées à la perte de son calme et donc à celle de ses moyens. Rester calme donc est le maître mot. Il est nécessaire de respirer calmement, ne pas se laisser distraire par l'environnement, mettre sa montre sur la table devant ses yeux, être méthodique (nous reviendrons avec plus de précision sur ce point), faire de petites pauses entre chaque question pour éviter les interférences, relire au moins une fois les énoncés des questions. Le stress a tendance à provoquer des comportements de précipitation qui conduisent souvent à des lectures biaisées des énoncés, voire des fautes d'inattention.

NOUS VOUS PROPOSONS UNE "CHECK LIST" EN 10 POINTS POUR BIEN VOUS PRÉPARER AU TAGE MAGE ET ÊTRE DÉTENDU(E) LE JOUR J :

1. Familiarisez-vous avec les consignes, les contenus et les exercices du test. Vous pouvez télécharger le livret du candidat gratuitement sur le site www.tagemage.fr

2. Le test TAGE MAGE est avant tout un test d'aptitudes et non de connaissances : il n'existe pas de bon ou de mauvais programme. Il faut privilégier la gymnastique intellectuelle au quotidien par des exercices de mathématiques, de logique, de lecture, et éviter le bachotage.

3. Avant de passer le test, assurez-vous d'être dans de bonnes conditions physiques et psychologiques afin de mettre toutes les chances de votre côté.

4. Vous ne pouvez passer le test qu'une fois par an, choisissez donc bien votre date.

5. Rendez-vous sur le site www.tagemage.fr pour vous inscrire à une session, recevoir votre convocation et vos résultats.

6. Prévoyez votre trajet et informez-vous sur les éventuels aléas survenus dans les transports (accident de voyageur, grève, conditions météorologiques...).

7. Vous devez vous présenter à l'heure le jour du test (cf. votre convocation) et ne pas oublier votre convocation, ainsi que votre pièce d'identité en cours de validité avec photographie (carte d'identité, passeport ou carte de séjour uniquement) sous peine de vous voir refuser l'accès à la salle de test.

8. Restez calme : il ne faut pas confondre vitesse et précipitation le jour du test. Chacun des six sous-tests dure 20 minutes, apprenez donc à gérer votre temps et entraînez-vous à être rapide.

9. Ne cherchez pas à répondre absolument à toutes les questions, mais essayez de répondre juste au maximum de questions : chaque réponse fausse sera sanctionnée. Lisez la question dans son intégralité et si vous ne savez pas répondre, passez à la question suivante. Ne vous affolez pas si vous avez mal répondu à une des cinq réponses proposées car une "ligne de secours" est à votre disposition et elle seule vaudra lors du dépouillement du test.

10. Tout est mis à votre disposition le jour du test, il est donc inutile de s'encombrer de feuilles, de chronomètres ou calculatrices qui ne sont pas tolérés, et il est interdit de sortir de la salle lors du test. Respectez bien les consignes et instructions qui vous sont données.

STRATÉGIE LE JOUR DU TAGE MAGE

La première des conditions pour maximiser sa performance est la gestion du temps. Chaque sous-test comprend 15 questions et sa passation dure 20 minutes. Ce temps est court et donc précieux. Une simple division révèle qu'en théorie le temps nécessaire à une question est de l'ordre d'une minute et demie. En conséquence, il faut impérativement éviter de passer trop de temps sur une question.
Chaque question réussie rapporte des points quel que soit son niveau de difficulté. Il est donc évident qu'il vaut mieux commencer par les questions jugées faciles. Nous vous conseillons alors de lire attentivement l'énoncé, de le relire puis d'évaluer à la fois le niveau de difficulté de la réponse et la rapidité avec laquelle vous pouvez espérer y répondre. Si votre sentiment est qu'il s'agit d'une question trop difficile pour vous ou que vous risquez d'y consacrer de nombreuses minutes, passez à la question suivante. Les questions ne sont pas rangées par ordre croissant de difficulté, certaines sont très simples, d'autres peuvent être résolues très rapidement : à vous de les identifier. Une stratégie à haut risque consiste à vouloir résoudre les questions dans l'ordre sans tenir compte de leur difficulté ou du temps pour trouver la solution. Certains candidats adoptent cette dernière et obtiennent souvent des scores très en deçà de ceux qu'ils auraient pu espérer.

La deuxième condition est de réaliser le bon choix entre les deux stratégies possibles de résolution suivantes :

1) La solution est trouvée à partir des informations contenues dans l'énoncé. La déduction conduit alors à la découverte d'une réponse. La comparaison entre cette dernière et les cinq réponses proposées permet alors de déterminer si la méthodologie choisie a permis de trouver la solution.

2) La solution est trouvée à partir des cinq réponses. On vérifie alors laquelle des cinq est compatible avec les données de l'énoncé.

La deuxième méthodologie offre un gain de temps appréciable lorsque, parmi les cinq réponses, une seule ou deux apparaissent clairement comme plausibles et les autres fausses de façon évidente. **Pour la plupart des questions, un panachage des deux stratégies s'avère être l'attitude la plus efficace. Illustrons ce point important par quelques exemples concrets.**

La question suivante est une question qui relève du sous-test "Calcul" du domaine "Résolution de Problèmes".

ENONCÉ : Lors d'une braderie chez un concessionnaire automobile, un client achète une voiture avec 20% de réduction. Il la paye alors 18 000€. Quel était le prix de cette automobile avant la réduction ?

RÉPONSES PROPOSÉES :
A) 19 000 € B) 20 500 € C) 21 250 € D) 22 500 € E) 24 000 €

La lecture de l'énoncé informe que la réponse doit être supérieure à 18 000 €.

En conséquence, les cinq réponses paraissent plausibles. Mais, on sait aussi que la réponse doit être supérieure à l'addition de 18 000 € et de 20% de 18 000 € soit 18 000 € + 3 600 € c'est-à-dire 21 600 €. Il n'y a donc plus que deux réponses possibles, la "D" et la "E". Il suffit d'effectuer les deux opérations suivantes : 22 500 € x 0,8 et 24 000 € x 0,8. Le calcul révèle alors que 22 500 € x 0,8 est égal à 18 000 €. La bonne réponse est donc la "D".
L'avantage de cette démarche est d'éviter l'utilisation du langage mathématique. Elle peut aussi permettre une résolution rapide en particulier à ceux qui sont performants en calcul mental. Ici la stratégie employée a donc été de partir des réponses proposées et de vérifier laquelle correspondait aux données de l'énoncé.

Dans le cas d'une stratégie à partir des données de l'énoncé, la démarche serait la suivante :
Appelons le prix de l'automobile avant la réduction "p". L'énoncé nous donne l'information suivante : 18 000 € = 0,8 x p. En effet, 18 000 € représente 80% du prix initial de l'automobile. En conséquence p = 18 000 / 0,8 soit 22 500 €. On retrouve évidemment la réponse "D".

Imaginons que les réponses proposées aient été les suivantes :
A) 19 000 € B) 20 500 € C) 21 000 € D) 21 500 € E) 22 500 €

Nous avons vu que la réponse était obligatoirement supérieure à 21 600 €. Dans ce cas précis, une seule réponse remplie cette condition, la "E". La réponse peut donc être trouvée très rapidement. Or, rappelons que la gestion du temps est l'élément essentiel dans la passation d'un test.

Un autre exemple va illustrer l'importance qu'il y a à analyser les réponses proposées à une question.

ENONCÉ : Dans les cités de banlieues de certaines grandes villes, un nombre grandissant de jeunes vivent en marge du reste de la société. Ils ont leurs propres règles et leurs propres lois qui sont la plupart du temps très éloignées de celles de la société. Une solution, testée dans certains pays comme les USA, consiste à développer les clubs et les associations sportives.

Quelle affirmation soutient le moins la conclusion ?

RÉPONSES PROPOSÉES :
A) Seul le sport permet de devenir le meilleur pour des personnes qui ont eu un échec scolaire.
B) Le sport apprend le respect de l'autre.
C) On doit collaborer avec les autres dans la pratique du sport.
D) La pratique sportive nécessite l'acceptation de certaines règles.
E) La pratique sportive est une école de la non violence.

Cette question relève du sous-test "Raisonnement" du domaine "Raisonnement logique". Son énoncé doit être lu très attentivement afin d'éviter de commettre des contresens. L'une des difficultés qui amène de nombreux candidats à commettre des erreurs est ce que nous appelons un biais de décentration. En effet, il ne s'agit pas d'une question d'opinion personnelle.

Dans l'énoncé, le point de vue défendu peut être contradictoire avec son propre avis. On peut même être en désaccord complet avec lui. Il faut donc "s'imprégner" du contenu, l'adopter et oublier sa propre opinion. Nous pratiquons alors une décentration.

Par ailleurs, dans cet exemple, l'énoncé se termine par une question qui consiste à demander de choisir parmi cinq affirmations quelle est celle qui est la plus éloignée du contenu de l'énoncé. Ce deuxième effort conduit aussi à de nombreuses erreurs.

Passons maintenant à la solution. L'énoncé conduit à penser que le sport peut aider à lutter contre la marginalité ainsi que probablement (on peut le déduire de l'énoncé) la violence et la délinquance. Parmi les quatre réponses proposées, les "B", "C", "D" et "E" développent sous des formes différentes l'idée selon laquelle la pratique du sport a un effet positif sur la socialisation. Elles vont donc toutes les quatre dans le sens du contenu de l'énoncé.

En revanche, la "A" développe une idée différente selon laquelle le sport peut donner une chance d'être le meilleur à des personnes ayant échoué dans le domaine scolaire. Elle n'est pas contradictoire avec l'énoncé, mais elle apparaît presque hors sujet. En conséquence, c'est elle qu'il faut considérer comme soutenant le moins la théorie de l'énoncé.

Dans cet exemple, le contenu de l'énoncé ne permet pas à lui seul de répondre. Il faut analyser aussi avec beaucoup d'attention les contenus de chacune des réponses en faisant abstraction de son opinion personnelle.

LES QUESTIONS DES CANDIDATS

Dans ce chapitre, nous vous donnons les réponses aux questions que vous pouvez vous poser, questions posées précédemment par des candidats au test TAGE MAGE.

INFORMATIONS GÉNÉRALES

Puis-je changer la date de mon examen ?
Vous pouvez changer de date d'examen en respectant une condition : être à plus de 20 jours de la session à laquelle vous vous êtes initialement inscrit.

Quel est le coût du test TAGE MAGE ?
Les frais d'inscription s'élèvent à 60 € pour les sessions se déroulant en France et Outre-Mer. À l'étranger, ces frais s'élèvent à 120 €.

Je ne souhaite plus passer le test TAGE MAGE. Puis-je me faire rembourser ?
Non, aucune demande de remboursement ne sera examinée.

Je souhaite prendre connaissance du règlement TAGE MAGE et des conditions générales de vente ?
Accèdez directement au règlement à l'adresse : http://www.tagemage.fr/files/gallery/cgv_tagemage.pdf

Je souhaiterais connaître la moyenne des scores TAGE MAGE pour la session à laquelle j'ai participé.
Il n'existe pas de statistique disponible relative aux moyennes du TAGE MAGE.
Chaque établissement dispose de son propre barème de sélection. C'est pourquoi nous ne donnons pas de précision sur les notes maximales et minimales.

Je suis candidat dans plusieurs établissements. Où dois-je passer le test ?
Vous pouvez passer le test TAGE MAGE dans un des centres en France ou à l'étranger. Le choix de la date doit être pris en fonction des dates limites de dépôt des dossiers, communiquées par les établissements.
Pensez à vérifier les conditions spécifiques propres aux établissements qui organisent leurs sessions du test TAGE MAGE.

Peut-on passer le test TAGE MAGE plusieurs fois dans l'année ?
Non, il n'est possible de passer le test qu'une seule fois (du 1er décembre au 30 novembre de l'année suivante).

Si je suis absent le jour du test, est-ce que je peux m'inscrire à une autre session ?
Oui, mais attention les frais d'inscription seront à renouveler car aucun transfert ne pourra être effectué.

Quelle est la durée du test ?
La durée totale du test est de 2 heures plus environ 30 minutes d'explications.

La FNEGE propose-t-elle des aménagements spécifiques pour les candidats présentant un handicap ?
Oui. La FNEGE accorde des aménagements spécifiques qui répondront à leurs besoins tout en respectant l'exigence d'intégrité des tests.
Avant toute inscription et pour toute information, prière de consulter le règlement général (4.Dispositions particulières).

Peut-on passer le test TAGE MAGE à l'étranger ?
Oui, vous pouvez passer le test dans les centres figurant dans le calendrier des sessions disponibles sur le site www.tagemage.fr, rubrique "Calendrier-Inscription" / "Sessions à l'étranger".

INSCRIPTION

Je souhaite m'inscrire . Comment faire ?
Aujourd'hui, toutes les démarches sont à effectuer par Internet. Vous devez créer un compte sur le site www.tagemage.fr et compléter le formulaire d'inscription. Vous pourrez alors choisir votre session et procéder au paiement par carte bancaire.

Quelles sont les coordonnées bancaires de la FNEGE pour le règlement des sessions se déroulant à l'étranger ?
Banque : Crédit Lyonnais
IDENTIFICATION BANCAIRE INTERNATIONALE
IBAN FR71 3000 2048 6800 0006 0516 Z04
BIC / Adresse SWIFT : CRLYFRPP

CONVOCATION

Comment vais-je obtenir ma convocation ?
Votre convocation sera disponible à partir de la date indiquée dans "votre compte" (soit 20 jours avant la date de session choisie). Il vous faudra l'imprimer pour la présenter le jour du test.

RÉSULTATS

Quand et comment vais-je obtenir mes résultats ?
Si vous avez passé le test par l'intermédiaire de la FNEGE, votre score et votre attestation TAGE MAGE seront disponibles sous 10 à 15 jours dans "votre compte". Les attestations ne sont pas adressées par courrier.
Si vous avez passé le test par l'intermédiaire d'un établissement, vérifiez le délai indiqué dans les dossiers des établissements ainsi que le mode de divulgation.

Peut-on avoir les notes du test par téléphone, fax ou e-mail ?
Non, aucun résultat n'est communiqué par téléphone, fax ou e-mail.

Si je passe le test par l'intermédiaire d'un établissement (session réservée), mon score sera-t-il valable dans les autres écoles ?
Oui, votre score TAGE MAGE est valable pour tous les établissements qui vous le demandent.

Comment les écoles, auxquelles je postule, prendront connaissance de mon score ?
Les établissements peuvent consulter votre score sur notre site internet grâce à votre numéro de candidat ou grâce à la "liste des établissements ayant accès à vos résultats" que vous pouvez cocher ou décocher dans votre compte.
Toutefois, il est obligatoire de joindre, aux dossiers d'inscription des établissements auxquels vous postulez, la copie papier de l'attestation TAGE MAGE.

Mon établissement (Banque d'épreuves, Université, Ecole de Commerce) m'a communiqué une note sur 20 alors que le test est noté sur 600 points ! Comment cela se fait-il ?
Le test TAGE MAGE est noté sur 600 points (de -150 à +600).
Afin de répondre à ses exigences, un établissement a la possibilité d'appliquer un système de pondération spécifique aux différentes parties (aptitudes verbales, aptitudes à la résolution de problèmes, aptitudes au raisonnement) du test TAGE MAGE et de reporter cette note sur 20 points. Seul l'établissement peut déterminer ses propres règles de conversion de la note sur 600 vers une note sur 20. Un candidat peut ainsi se voir attribuer par deux établissements, ou Banques d'épreuves, des notes sur 20 différentes.

Ai-je réussi le TAGE MAGE ?
Le test TAGE MAGE n'est pas sanctionné de réussite ou d'échec. Une attestation de score vous est délivrée.
Votre résultat sera utilisé par les établissements, auxquels vous postulerez, selon les critères qui leurs sont propres.

Mon score au TAGE MAGE est-il détaillé par sous-test ?
Les scores du test TAGE MAGE, établis entre -150 et + 600 points, sont détaillés par catégorie d'aptitudes (résolution de problèmes, aptitudes verbales et raisonnement logique) et non par sous-test.

Je souhaite obtenir mon score TAGE MAGE d'une année antérieure. Comment faire ?
Rendez-vous sur notre site Internet www.tagemage.fr :
- Année 2011 : scores accessibles sur http://archives2011.tagemage.fr/resultat
- Années antérieures : scores indisponibles

VALIDITÉ DU TEST

Combien de fois puis-je passer le test TAGE MAGE dans l'année ?
Il n'est possible de passer le test qu'une seule fois dans l'année.
Attention : l'année TAGE MAGE débute le 1er décembre de l'année N et se termine le 30 novembre de l'année N+1
Exemple : il n'est possible de se présenter aux épreuves du test TAGE MAGE qu'une seule fois entre le 01/12/11 et le 30/11/2012.

Combien de temps le TAGE MAGE est-il valable ?
Le test est valable jusqu'au 30 novembre suivant la date de passation du test (sauf mention contraire de l'établissement utilisateur du test)
Exemple : un test TAGE MAGE passé le 16 avril 2011 est valable jusqu'au 30 novembre 2011.

Où le test TAGE MAGE est-il valable ?
Il est accepté dans tous les établissements qui recrutent avec le test TAGE MAGE (sauf conditions spécifiques imposées par certains établissements).

CONSEILS POUR LES SOUS-TESTS

Ce chapitre présente une série de questions pour chacun des sous-tests avec un exposé détaillé de la procédure de découverte de la bonne réponse.

Le TAGE MAGE est structuré autour de trois domaines de compétence comprenant chacun deux sous-tests. Leur choix a été déterminé par le contenu des formations que les candidats souhaitent suivre. La bonne gestion d'une entreprise nécessite la mise en œuvre de compétences variées. Une spécialisation dans une sphère de compétences trop spécifique n'apparaît pas comme une formation de qualité pour un futur gestionnaire.

Par exemple, un haut niveau en mathématiques ne garantit pas uniquement la possession des qualités relatives à l'exercice de la gestion d'une entreprise. Ainsi, les concepteurs du TAGE MAGE ont considéré que cette dernière nécessitait des compétences en résolution de problèmes, en aptitudes verbales et en raisonnement logique.

Les premières reposent sur des connaissances mathématiques simples à appliquer à des problèmes quotidiens (les pourcentages, les proportions, la recherche d'inconnues dans un problème).

Les deuxièmes sont relatives à la compréhension et à l'expression du langage.

Les troisièmes mobilisent le raisonnement logique sur des contenus verbaux, spatiaux ou numériques ne nécessitant pas de connaissances mathématiques approfondies.

Sous-test 1

Compréhension d'un texte écrit

REMARQUE PRÉALABLE :

L'épreuve proposée ici, et l'épreuve "Expression", figuraient dans notre panel d'épreuves il y a quelques années. Pour l'essentiel, elles sont toujours représentatives des épreuves actuelles.

Merci de garder toutefois en mémoire ce principe : nos épreuves sont en évolution constante, sous l'effet de l'esprit créatif des concepteurs, et sur la base de l'évaluation - quantitative et qualitative - permanente des exercices inclus dans notre test.

Peut-être serez-vous parfois surpris de constater des décalages entre les épreuves d'un même sous-test, que ce soit "Compréhension" ou "Expression". Soyez convaincus que ce décalage est voulu, réfléchi et évalué. Faites de votre mieux pour vous adapter...

Bonne chance !

Présentation du sous-test

Ce sous-test permet d'évaluer les aptitudes des candidats à identifier et/ou retrouver les informations contenues dans un texte. Il s'agit également de savoir repérer les articulations logiques du texte et d'avoir cerné les intentions de l'auteur, manifestées de façon implicite ou explicite.
Ce sous-test combine donc la compréhension et l'explication de texte.

Consignes

Ce sous-test comporte trois textes numérotés 1, 2 et 3. Chacun de ces textes est suivi d'une série de questions.

Chaque question vous présente cinq propositions qui peuvent porter sur différents niveaux de lecture :

- Informations "isolées" contenues dans le texte,
- Idées principales, traitées dans un ou plusieurs paragraphes,
- Position de l'auteur telle qu'elle se reflète dans le texte, etc...

Parmi les cinq propositions présentées dans le cadre de chaque question, certaines sont en contradiction flagrante avec le texte ; d'autres abordent des aspects qui n'y sont pas traités ; d'autres encore se rapprochent plus ou moins de ce qui est exprimé - directement ou indirectement - dans ce même texte.

La seule proposition considérée comme exacte est celle qui se rapproche le plus de ce qui est dit dans le texte. Les quatre autres propositions sont considérées comme fausses.

Pourquoi ce sous-test ?

Point n'est besoin de souligner l'importance stratégique de la compréhension de l'écrit, tout particulièrement pour le personnel d'encadrement, dans tous les métiers de la gestion.
Il s'agit de traiter quotidiennement une avalanche d'informations écrites : e.mails, lettres, notes de service, dossiers, actualités spécialisées, etc.
Les cadres savent bien que le temps imparti à cette lecture leur est compté. De plus, ils lisent souvent dans de mauvaises conditions, car leur temps est morcelé et ils sont fréquemment interrompus.

Il leur est donc nécessaire de lire vite et bien, de mémoriser et/ou de classer efficacement ces informations afin de pouvoir les retrouver très rapidement.
Le test de compréhension d'un texte écrit (abrégé en Comprex) permet d'**évaluer la compétence de lecture sous contrainte de temps**.

Principes fondateurs de l'épreuve

Une compétence est un ensemble généralement complexe de savoirs, de savoir-faire et de savoir-être. Appliqué à la lecture, cela présuppose une compréhension des mots et des règles de base d'une langue (savoirs), permettant de donner du sens à un message écrit. Les savoir-faire touchent aux capacités à traiter les éléments mis en forme dans un texte : repérer, par exemple, des informations isolées, mais aussi des enchaînements d'informations, des démonstrations et des argumentations. Le savoir-être est un niveau plus profond et plus subtil encore, où le lecteur cherche à cerner les intentions de l'auteur du texte, à évaluer la validité du texte qu'il a sous les yeux, à se situer par rapport à lui, et à l'intégrer dans ses propres représentations.
En résumé, le long chemin à parcourir dans l'apprentissage de la lecture va du déchiffrage à l'exégèse, c'est-à-dire de la lecture plus ou moins maladroite à l'explication de texte de plus en plus sophistiquée.

Le TAGE MAGE cherche à évaluer cette compétence de compréhension, dans un certain nombre de ses composantes principales.

LA SAISIE D'INFORMATIONS

Il s'agit d'un travail, rapide et précis, de repérage des informations contenues dans un texte. Il permet de retrouver rapidement le ou les passages où se trouve telle ou telle information, afin de vérifier, par exemple, la façon dont elle est présentée, modalisée. Cette information est-elle présentée comme une certitude, une quasi-certitude, une supposition ou une spéculation ? A cet égard, une attention toute particulière doit être portée aux qualificatifs (adjectifs, propositions relatives ou participiales) accompagnant les substantifs, aux adverbes nuançant (modalisant) le sens des verbes, etc. C'est comme une opération chirurgicale d'extraction de données.
Dans le test, les questions vérifiant ce genre de compréhension sont simples dans leur libellé, mais requièrent cependant une lecture précise (du texte et de la question), et une bonne perception des nuances d'expression (cf. questions 1-5).

L'ORGANISATION DES INFORMATIONS

Les informations s'organisent à différents niveaux, c'est-à-dire à un niveau macro et à un niveau micro-textuel. Comment le texte s'organise-t-il en sous-parties : de façon linéaire, chronologique, ou sous forme de lignes directrices qui s'entrecroisent ? Comment s'organise chaque sous-partie ? La juste perception de la structure du texte, de ses idées-clés permet de résumer l'ensemble, ou bien une sous-partie, ou bien encore un paragraphe constitutif d'une sous-partie.

Dans le test, certaines questions vérifient l'aptitude des candidats à distinguer un bon d'un mauvais résumé (cf. questions 6-7).
A un niveau plus micro-textuel, le lecteur efficace sait repérer la façon dont les informations se regroupent et s'articulent au sein d'une chaîne argumentative.
Ces regroupements d'informations font l'objet de questions dont la structure est plus complexe que les précédentes (cf. questions 8-11).

L'INTERPRÉTATION

Au-delà des deux niveaux précédents, le lecteur est invité à se livrer à d'autres investigations :

• Quelle est la nature du texte ? Texte spécialisé, de vulgarisation, article de presse ?

• Quelle est la posture intellectuelle de l'auteur ? Neutre, nuancée, critique ou polémique ?

• Que dit l'auteur explicitement (clairement, avec des mots), ou implicitement (à demi-mot) ?

• Quel est le meilleur titre pour ce texte, celui qui lui correspond le mieux au niveau du fond et de la forme, qui respecte le mieux le climat général du texte, son registre stylistique ?

Tous ces aspects, particulièrement intéressants, mais délicats à décoder, font l'objet de questions spécifiques (cf. questions 12-15).

On pourra penser, ou objecter, que compréhension et interprétation sont deux choses radicalement différentes : la compréhension peut être plus facilement et plus largement partagée ; l'interprétation est individuelle, il suffit pour cela de penser aux grandes controverses qui ont agité la critique littéraire depuis des siècles...

Nous sommes conscients des difficultés inhérentes à l'interprétation et, en la matière, nous limitons celle-ci à des aspects à propos desquels peut s'établir une sorte de consensus interprétatif, résultat d'une intersubjectivité.

Nous ne cherchons pas à compliquer inutilement l'épreuve, mais nous avons la ferme intention d'évaluer non seulement une capacité basique de lecture (déchiffrage), mais des capacités avancées de « commerce » avec les textes.

Comment sont choisis les textes ?

Ils peuvent porter sur les sujets les plus divers, choisis dans les sciences humaines et sociales, mais aussi dans les sciences exactes. Leur compréhension ne nécessite cependant pas d'avoir fait des études spécialisées dans ces matières.

Les sources :
- Dans la presse (quotidienne et hebdomaire) et dans les revues à l'usage du grand public.
- Dans les ouvrages et manuels de vulgarisation scientifique et technique.
- Dans des revues scientifiques, particulièrement dans le domaine des sciences humaines.

Les textes et interviews sélectionnés pour ce sous-test sont récents ; **ils reflètent les problèmes actuels** de la société, de l'économie, de l'entreprise, au niveau de la France, de l'Europe et du monde. Ils peuvent également concerner l'actualité des sciences et des techniques.

Combien de questions et quelles sortes de questions ?

Les quinze questions peuvent porter sur :
- Un simple repérage d'information.
- Des propositions d'interprétation : trois propositions sont en général faites. Les trois peuvent être fausses, une seule peut être exacte, etc... Tous les cas de figure sont théoriquement possibles.
- Une proposition de titre pour un texte donné.
- L'opinion de l'auteur, exprimée de façon explicite ou implicite.

Dans le cadre de ce sous-test, le problème de la lecture est encore compliqué par le fait que les candidats doivent prendre en compte l'interprétation d'un premier lecteur : le concepteur de l'épreuve. Ils doivent s'efforcer de prendre en compte ce niveau supplémentaire de la lecture.

Comment se préparer à ce sous-test ?

L'épreuve de Compréhension teste bien plus qu'une « lecture déchiffrage » ; elle **évalue une compétence de compréhension de l'écrit.**

Pour bien réussir cette épreuve, il faut sans doute être un bon lecteur, c'est-à-dire avoir de très nombreuses heures de lecture derrière soi, pratiquer différents types de textes, sur des sujets variés. **La lecture régulière de journaux quotidiens et de magazines de haut niveau est très certainement une excellente bonne base.**

Au-delà de la lecture proprement dite, il est nécessaire d'**avoir une méthode d'analyse des textes**. La pratique régulière de l'explication de textes est sans doute un deuxième facteur-clé de succès.

Une bonne capacité d'analyse de texte présuppose un respect du texte étudié. Il s'agit de se livrer à un inventaire rigoureux de son contenu : de quel type de texte s'agit-il, quelle est sa structuration (macro-analyse), comment s'articulent les informations (micro-analyse) qu'il met en forme ?

Le test se base exclusivement sur les informations contenues dans le texte. L'épreuve de Compréhension n'est pas un test de connaissances sur tel ou tel sujet. Il sera toujours risqué, au moment de répondre à une question, de compléter le texte par des connaissances sur le sujet traité, acquises ailleurs.

La pratique de la lecture et de l'explication de texte ainsi que rigueur et respect du texte devraient orienter la préparation, qui ne pourra sans doute pas se suffire d'un simple bachotage.

La connaissance des principes directeurs de l'épreuve de Compréhension et de son mode de fabrication sont sans conteste des atouts. C'est la raison pour laquelle nous avons décidé d'éditer ces annales.
Rappelons que le test de démonstration utilisé pour l'épreuve de Compréhension ne ressemble pas à la mise en forme habituelle de l'épreuve. Vous trouverez dans ces annales un jeu complet de sous-épreuves qui vous permettront de poursuivre votre entraînement.

Une autre façon de se préparer à l'épreuve consiste à en fabriquer une soi-même, ou en groupe, en bénéficiant si possible des conseils d'un enseignant qualifié en explication de texte et en linguistique.

Exemple

PRÉSENTATION ET MARCHE À SUIVRE

Ne considérez pas le test ci-dessous comme une épreuve standard. Elle a été "didactisée" pour permettre une meilleure compréhension de la logique du test.
Le texte, quant à lui, est conforme aux standards sur les plans quantitatif et qualitatif.
Les questions (15 en tout) ont été regroupées conformément aux explications données dans "Principes fondateurs de l'épreuve" (1, 2 et 3), afin d'illustrer de façon systématique les différentes approches des textes qui caractérisent l'épreuve de Compréhension.
Dans les épreuves créées pour le TAGE MAGE, les niveaux 1, 2, et 3 sont mixés.
Il se peut également que les concepteurs aient, dans un avenir proche ou plus lointain, de nouvelles idées de présentation des questions : un bon travail d'explication de texte se caractérise à la fois par des routines et de la créativité !
Aux candidat(e)s qui se préparent à l'épreuve de Compréhension, **nous conseillons de faire tout d'abord le test ci-dessous dans les conditions de l'épreuve (20 minutes) et sans consulter le "debriefing".** Ils pourront ensuite utiliser les commentaires des questions pour mieux comprendre leurs éventuelles erreurs d'appréciation.

Bon vent et bonne route !

TEXTE

L'activité sismique se concentre le long de grandes failles, situées aux frontières des plaques tectoniques qui forment la partie externe de la terre, ou au sein de ces plaques, dans quelques structures très actives, comme la Chine ou la Méditerranée. Les tremblements de terre se produisent sur ces failles, à des profondeurs de quelques kilomètres, et n'affleurent en surface que très rarement. La zone active des failles sismiques est inaccessible à l'observation directe et, a fortiori, à toute expérimentation directe des sismologues et des géophysiciens. Il n'y a d'autre solution que d'observer les séismes depuis la surface, avec des instruments très élaborés. De telles informations sont très coûteuses et difficiles à entretenir, raison pour laquelle seuls quelques sites pilotes privilégiés sont bien surveillés.
Un tremblement de terre est dû à la propagation extrêmement rapide d'une rupture le long d'une faille active. Au passage du front de rupture, les lèvres de la faille glissent de quelques dizaines de centimètres à quelques mètres, en quelques secondes. La rupture se propage alors sur plusieurs kilomètres, à des vitesses de quelques kilomètres par seconde. Il est évident qu'une rupture de telles dimensions ne peut pas se déclencher sans une "préparation préalable".

Sous-test
6

Logique

Durée : 20 minutes
15 questions

Consignes

Les **huit premières questions** sont des problèmes d'intersection de deux séries. Chaque question contient deux séries, une série est présentée horizontalement et l'autre verticalement. Elles sont constituées de groupes de lettres ou de chiffres. Il s'agit pour vous de choisir parmi les cinq réponses qui vous sont proposées, le groupe de lettres ou de chiffres qui pourrait aussi bien appartenir à la série présentée horizontalement qu'à la série présentée verticalement et ainsi occuper **la place du point d'interrogation**.

Les **sept dernières questions** sont des problèmes de séries portant sur des données de nature spatiale. Chacune des séries est constituée de trois cases comprenant des graphiques suivies d'une case contenant un point d'interrogation. Les trois premières cases doivent vous permettre d'inférer le contenu de la case qui devrait occuper **la place du point d'interrogation**. La question porte donc sur le point d'interrogation et vous devez choisir votre réponse parmi les cinq propositions de réponses qui vous sont faites.

TOP DÉPART ! A partir de maintenant, vous avez 20 minutes pour effectuer ce sous-test.

QUESTION 76.

		W E K		
		F D Q		
K O H	U D I	?	P E K	Z T L
		V B R		
		I A P		

A) Y C E　　B) A T C　　C) R F T　　D) C L J　　E) M C J

QUESTION 77.

	49			
74	?	41	30	52
	35			
	28			
	56			

A) 59　　B) 63　　C) 85　　D) 42　　E) 97

QUESTION 78.

C D P	T U C	?	F G O	X Y V
		A E D		
		K T S		
		C N M		
		Z R Q		

A) M V L　　B) E F B　　C) C N C　　D) H I H　　E) X K J

QUESTION 79.

		254		
		781		
441	267	?	710	359
		327		
		590		

A) 536 B) 807 C) 372 D) 246 E) 963

QUESTION 80.

	M A L			
	P X O			
	Q T I			
K D N	?	O H I	R J Z	G L E
	U H B			

A) T E N B) K U S C) Y F S D) M O D E) W F C

QUESTION 81.

		216		
		27		
73	415	?	262	28
		125		
		8		

A) 81 B) 145 C) 343 D) 512 E) 55

QUESTION 82.

J L N
Q S U
E G I
R T V
K P A   C M W   ?   U G C   Q D Y

A) H J L   B) K M O   C) L Z I   D) E H W   E) F J R

QUESTION 83.

313
238
538   516   ?   134   369
212
329

A) 456   B) 121   C) 823   D) 257   E) 224

QUESTION 84.

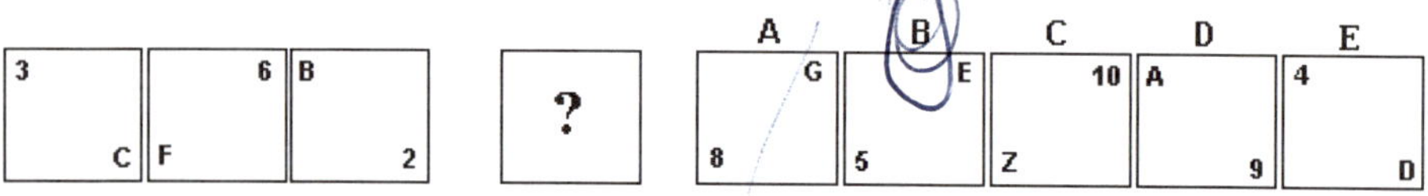

QUESTION 85.

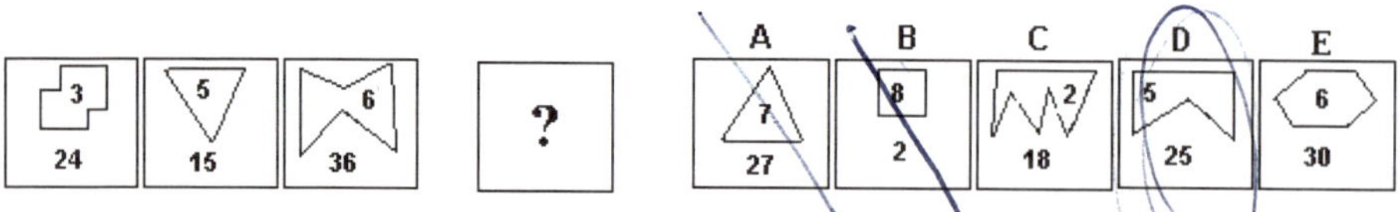

QUESTION 86.

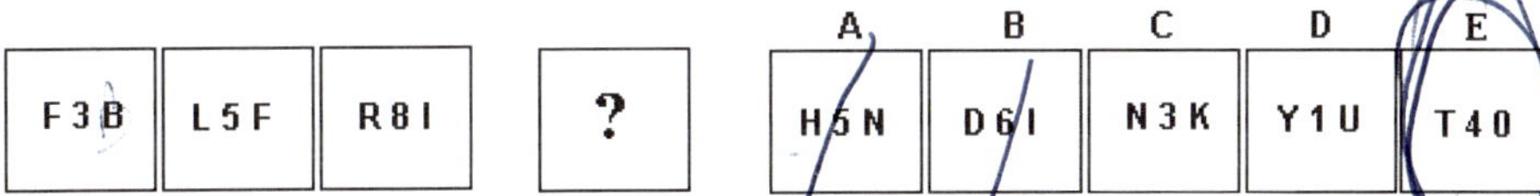

QUESTION 87.

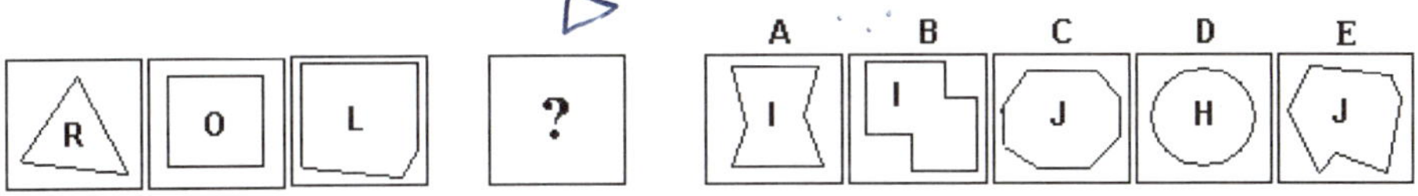

QUESTION 88.

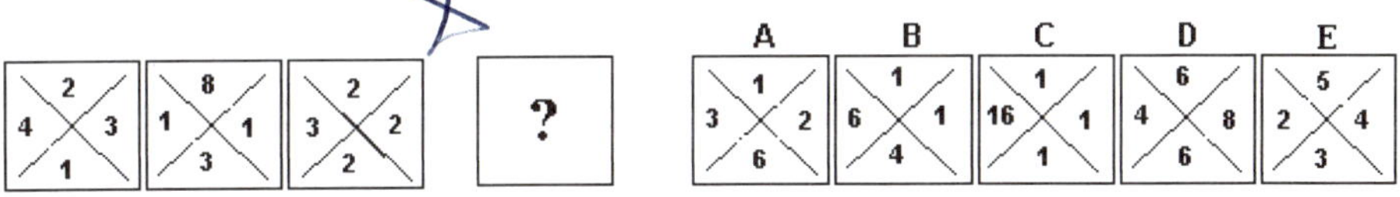

QUESTION 89.

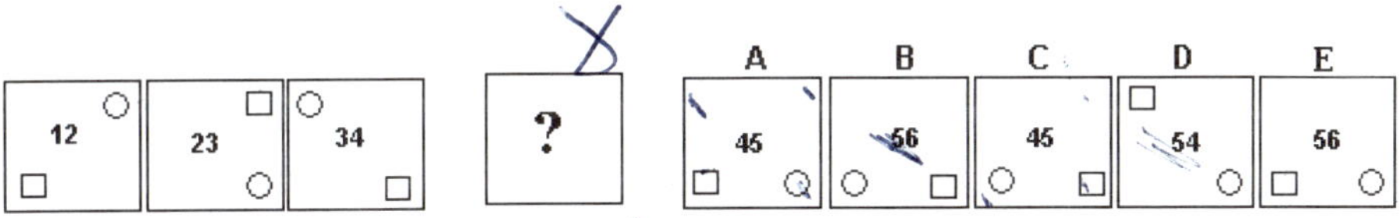

QUESTION 90.

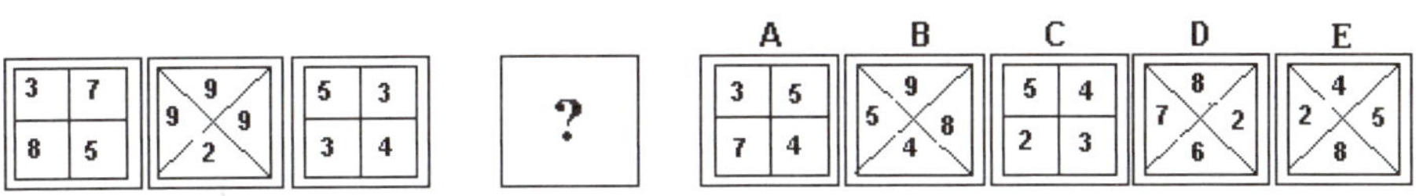

FIN DU SOUS-TEST 6 ! Si les 20 minutes sont écoulées, pas de marche arrière possible.

Réponses test TAGE MAGE n°1

SOUS-TEST 1		SOUS-TEST 2		SOUS-TEST 3	
Questions	Réponses	Questions	Réponses	Questions	Réponses
1	D	16	B	31	C
2	A	17	D	32	E
3	D	18	A	33	A
4	B	19	C	34	B
5	D	20	E	35	D
6	E	21	A	36	C
7	C	22	C	37	A
8	D	23	E	38	E
9	C	24	B	39	D
10	B	25	B	40	A
11	C	26	D	41	A
12	A	27	C	42	D
13	C	28	A	43	C
14	B	29	D	44	B
15	E	30	E	45	E

Mais, ces phénomènes de préparation de la rupture, faut-il aller les chercher dans la zone de déclenchement du séisme, à quelques kilomètres de profondeur, ou sont-ils observables sur une grande zone autour de la faille du futur séisme ? Voilà bien la difficulté principale : nous ne savons pas vraiment à quelle échelle il faut réaliser des observations qui puissent être utiles pour l'observation sismique.
Une prévision sismique consiste à annoncer la probabilité qu'un tremblement de terre d'une certaine magnitude se produira dans une zone géographique bien délimitée, et dans une période de temps définie. Très souvent, des prévisions imprécises sont émises, qui omettent de donner soit la magnitude, soit une délimitation précise de la zone géographique qui sera affectée par le séisme, soit - et c'est le cas le plus fréquent - une estimation de la probabilité que la prévision se réalise réellement. L'erreur la plus évidente est celle qui consiste à annoncer un tremblement de terre sans spécifier clairement sa magnitude. Sachant que celle-ci est une mesure logarithmique de l'énergie émise par le tremblement de terre, on voit qu'il est tout à fait différent d'annoncer un séisme de magnitude 8 et d'en prévoir un de magnitude 7.
Ne disposant pas d'une connaissance suffisamment détaillée des processus physico-chimiques qui se produisent dans la source sismique avant le déclenchement de la rupture, les sismologues sont contraints d'utiliser des méthodes empiriques.

QUESTIONS

QUESTION 1. Quelle est l'erreur la plus évidente en matière de prévisions sismologiques ? Une erreur sur...

A) Le lieu du séisme
B) La date du séisme
C) Le nombre de secousses
D) La durée du séisme
E) L'intensité du séisme

QUESTION 2. Où faut-il réaliser les observations permettant d'anticiper les séismes ?

A) On ne sait pas exactement.
B) Le long des failles en activité.
C) Sur les lieux de probables séismes.
D) Sur les bords des fosses océanes.
E) Là où ont déjà eu lieu des séismes.

QUESTION 3. Un tremblement de terre est-il précédé par une phase de préparation ?

A) Dans la majorité des cas.
B) Dans certains cas.
C) Dans tous les cas.
D) Les avis sont divergents.
E) Neuf fois sur dix.

QUESTION 4. Pourquoi n'y a-t-il qu'un petit nombre de sites d'observation sismique bien surveillés ?

A) Cela suffit pour assurer une prévision d'ensemble.
B) Les gouvernements préfèrent la prévention à la prévision sismique.
C) Les sites d'observation sont complétés par d'autres procédures.
D) Par manque de personnel hautement qualifié sur le marché du travail.
E) L'acquisition et la maintenance des sites sont très onéreuses.

QUESTION 5. Qu'exprime une mesure logarithmique de l'énergie émise par un tremblement de terre ?

A) Elle construit une progression géométrique pour mesurer cette énergie.
B) Elle construit une échelle d'évaluation allant de 1 à 8.
C) Le texte n'apporte pas de réponse précise sur ce point.
D) Elle définit des graduations en fonction des logarithmes de cette énergie.
E) Elle construit une progression linéaire pour mesurer cette énergie.

QUESTION 6. Combien de sous-parties (ou têtes de chapitre) y a-t-il dans ce texte, et comment les dénommer ?

A) (3) Tremblements de terre ; prévisions sismiques ; processus physico-chimiques.
B) (3) L'activité sismique ; les tremblements de terre ; la prévision sismique.
C) (4) Sismiquement vôtre ; cherchez la faille ; et la terre de trembler ; l'espoir des sismologues.
D) (4) La sismologie ; les lèvres de la faille ; prévoir les tremblements de terre ; les contraintes des sismologues.
E) (3) Les failles sismiques ; le déclenchement des séismes ; les prévisions imprécises.

QUESTION 7. Quelles sont les informations essentielles concernant l'activité sismique ?

A) Elle se situe à l'intérieur, ou aux frontières des plaques tectoniques. Elle est inaccessible à l'observation directe et à l'expérimentation. Les tremblements de terre proviennent d'une rupture le long d'une faille active.
B) Elle se situe toujours à de très grandes profondeurs, dans de nombreuses structures continentales en Europe et en Asie. Son observation nécessite des installations très coûteuses et difficiles à entretenir.
C) Elle est due à la propagation instantanée d'une rupture sur une faille active en Chine, sur le pourtour méditerranéen, sur le continent américain, etc... Elle se manifeste par des tremblements de terre d'amplitude variable.
D) Elle est relative aux séismes, qui sont l'ensemble des déformations brusques de l'écorce terrestre sous l'effet des secousses telluriques, lesquelles s'évaluent sur l'échelle d'amplitude de Richter.
E) Elle traduit les mouvements de l'écorce terrestre, qui se casse par endroits sous l'effet de tremblements de terre d'intensité très variable, dont l'amplitude se mesure sur des échelles logarithmiques.

QUESTION 8. Quelle(s) méthode(s) utilise la sismologie ? Elle procède par ...

1) Observations indirectes
2) Expérimentations directes
3) Raisonnements hypothético-déductifs

A) Uniquement 2
B) Ni 1, ni 2, ni 3
C) 1 + 2
D) 1 + 2 + 3
E) Uniquement 1

QUESTION 9. Où l'activité sismique se concentre-t-elle ?

1) Le long des failles, aux confins des plaques tectoniques
2) Le long de certaines côtes
3) Au sein des plaques tectoniques

A) Uniquement 3
B) 1 + 2 + 3
C) 1 + 3
D) 1 + 2
E) Uniquement 1

QUESTION 10. Comment une rupture se propage-t-elle le long d'une faille active ?

1) Sur quelques centaines de kilomètres
2) A des vitesses de plusieurs dizaines de km par seconde
3) Par vagues successives

A) 1 + 2
B) Ni 1, ni 2, ni 3
C) Uniquement 3
D) 1 + 2 + 3
E) 2 + 3

QUESTION 11. Sur quels éléments portent fréquemment les imprécisions des prévisions ?

1) Le degré de vraisemblance de l'événement
2) L'intensité du séisme
3) La région concernée

A) 2 + 3
B) Uniquement 2
C) 1 + 2 + 3
D) Uniquement 3
E) 1 + 2

QUESTION 12. Choisissez le titre résumant le mieux l'article ci-dessus, sur le fond et dans la forme.

A) Tremblements de terre : le douloureux échec de la prévision sismique.
B) Tremblements de terre : les orphelins de la prévision sismique.
C) Tremblements de terre et prévisions sismiques.
D) Les prévisions sismiques démenties par les tremblements de terre.
E) Prévisions sismiques : l'impossible anticipation des tremblements de terre.

QUESTION 13. Quelle phrase résume le mieux l'opinion de l'auteur sur la sismologie ?

A) C'est une science exacte, s'appuyant sur des données irréfutables.
B) C'est une approche artisanale, qui cherche à se transformer en science.
C) C'est une pseudo-science, qui marque l'imprécision de ses résultats.
D) C'est une discipline scientifique rigoureuse, dont les résultats sont irréprochables.
E) C'est une approche s'appuyant sur l'expérience, et qui reste relativement imprécise.

QUESTION 14. A quel type de lectorat s'adresse l'auteur ? Il s'adresse à ...

A) Des sismologues.
B) Des ingénieurs.
C) Des écoliers.
D) Des non-spécialistes.
E) Des techniciens.

QUESTION 15. Ce texte évoque, sur le fond et dans la forme, le discours ...

A) D'un moraliste.
B) D'un auteur satirique.
C) D'un journaliste spécialisé.
D) D'un homme politique.
E) D'un éditorialiste.

8 bonnes réponses.
3 fausses.

"DEBRIEFING" DU SOUS-TEST

QUESTION 1. E)

Le texte est explicite à cet égard : "l'erreur la plus évidente est celle qui consiste à annoncer un tremblement de terre sans spécifier clairement sa magnitude." (cf. paragraphe 3).

Attention au superlatif : "la plus évidente".

QUESTION 2. A)

Idem : "Voilà la difficulté principale : nous ne savons pas vraiment à quelle échelle il faut réaliser des observations qui puissent être utiles pour la prévision sismique." (cf. paragraphe 1).

Attention au qualificatif : "(difficulté) principale".

QUESTION 3. C)

Idem : "Il est évident qu'une rupture de telles dimensions ne peut pas se déclencher sans préparation préalable." (cf.paragraphe 2).

Attention à l'adverbe : "évident".

QUESTION 4. E)

Idem : "De telles installations sont très coûteuses et difficiles à entretenir, raison pour laquelle quelques sites privilégiés sont bien surveillés." (cf. paragraphe 1).

QUESTION 5. C)

Sur ce point, l'auteur renvoie le lecteur à sa "culture" mathématique, avec cette étonnante et amusante formule : "... on voit clairement qu'il est tout à fait différent d'annoncer un séisme de magnitude 8 et d'en prévoir un de magnitude 7".

QUESTION 6. B)

Le texte comporte clairement 3 paragraphes principaux. Le quatrième est plutôt une phrase de conclusion.

Des trois formulations (A, B, E), B est la meilleure : elle respecte la chronologie du texte, et les trois dénominations sont reprises directement du début de chaque paragraphe.

QUESTION 7. A)

Les formulations B et C comportent des erreurs par rapport au texte source. La formulation D, reprise d'un dictionnaire, ne comporte pas les mêmes mots-clés que notre texte. La formulation E est mal centrée par rapport aux informations essentielles données par le texte.

QUESTION 24. Dans la figure ci-dessous, quatre cercles égaux sont inscrits dans le carré ABCD. Le carré plus petit a pour sommet les quatre centres des quatre cercles. La surface d'un cercle est égale à 9 Π cm². Quelle est la valeur de la différence entre le périmètre du carré ABCD et le périmètre du plus petit carré ?

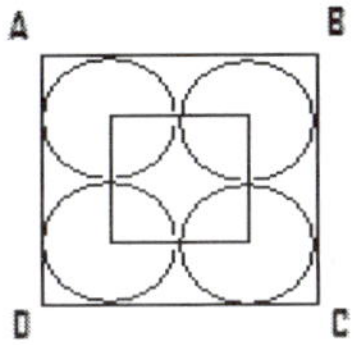

A) 22 cm
B) 24 cm
C) 26 cm
D) 28 cm
E) 30 cm

QUESTION 25. Une boîte contient 80 jetons de couleurs noire, rouge et bleue. Le nombre de jetons bleus correspond au tiers de la somme du nombre de jetons noirs et du nombre de jetons rouges. Si l'on rajoutait dix jetons noirs dans la boîte, le nombre de jetons noirs serait alors égal à celui du nombre de jetons rouges. Combien y a-t-il de jetons rouges dans la boîte ?

A) 30
B) 35
C) 27
D) 33
E) 20

QUESTION 26. Deux cyclistes partent simultanément de deux villes différentes (A et B) distantes de 120 km. Ils se croisent à 70 km de A. Quelle est la valeur de la vitesse du cycliste le plus rapide exprimée en fonction de celle du cycliste le plus lent que nous exprimerons sous la forme Vl ?

A) 1,1 Vl
B) 1,2 Vl
C) 1,3 Vl
D) 1,4 Vl
E) 1,5 Vl

QUESTION 27. Le réservoir de l'automobile de Robert est vide. Il n'a pas assez d'argent pour faire le plein d'essence. Il calcule que s'il possédait six fois plus d'argent il pourrait faire le plein en mettant 25 litres de plus dans son réservoir que ce qu'il peut mettre avec l'argent dont il dispose. Quelle est la contenance du réservoir de son automobile ?

A) 25 litres
B) 27 litres
C) 30 litres
D) 33 litres
E) 35 litres

QUESTION 28. Un particulier achète deux appartements au même prix. Au bout d'un an, il les revend tous les deux. Sur l'un d'entre eux il fait une plus-value de 15% et sur l'autre une moins-value de 10%. Sur l'ensemble des deux ventes la plus-value s'élève à 2 500€. A quel prix ce particulier a-t-il acheté un appartement ?

A) 50 000€
B) 55 000€
C) 60 000€
D) 70 000€
E) 75 000€

QUESTION 29. Dans un club de vacances, un tiers des clubistes n'est pas italien et un quart n'est pas espagnol. De plus, 90 d'entre eux sont à fois espagnols et italiens et un douzième n'est ni italien, ni espagnol. Combien y a-t-il de clubistes italiens ?

A) 50
B) 60
C) 75
D) 120
E) 135

QUESTION 30. Dans la figure ci-dessous, ABCD est un rectangle et AIB est un triangle. L'angle DAI est égal à l'angle BIC, DI = 16 cm et IC = 4 cm. Quelle est la valeur de la surface du triangle AIB ?

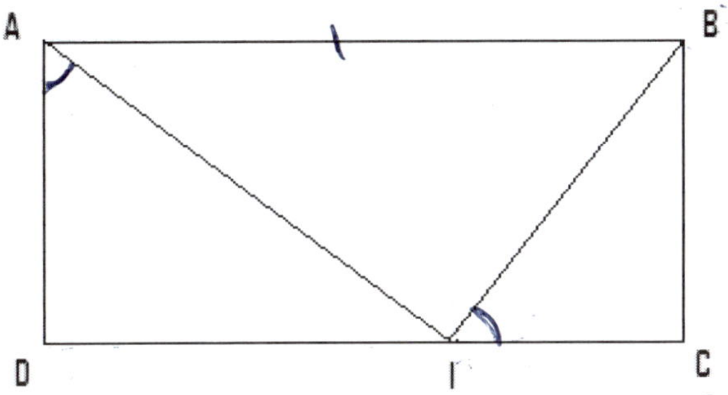

A) 60 cm²
B) 65 cm²
C) 70 cm²
D) 75 cm²
E) 80 cm²

FIN DU SOUS-TEST 2 ! Si les 20 minutes sont écoulées, pas de marche arrière possible.

Sous-test 3

Raisonnement / argumentation

Durée : 20 minutes
15 questions

Consignes

Cette épreuve comporte 15 questions constituées chacune d'un paragraphe de quelques lignes et d'une question. Ces questions sont des questions de raisonnement qui ne nécessitent pas une connaissance approfondie de la logique formelle. Il est fortement conseillé aux candidats de lire et de relire très attentivement les paragraphes ainsi que les questions avant d'y répondre.

Cinq propositions de réponses sont formulées. Une seule est acceptable en fonction du paragraphe et de la question. Certaines traduisent une parenté de formulation : aussi est-il fortement conseillé, là encore, de lire et de relire très attentivement les cinq propositions de réponses.

TOP DÉPART ! A partir de maintenant, vous avez 20 minutes pour effectuer ce sous-test.

QUESTION 31. Les bonus distribués, sans obligation de réussite, aux traders des banques sont montrés du doigt. Ils sont présentés comme la principale cause de la grave crise financière que nous venons de traverser. En France, beaucoup de politiques réclament un contrôle très strict. Seulement les traders se déplacent à travers le monde de place financière en place financière selon les bonus distribués par les banques qui ont de moins en moins de nationalité. Imposer des règles en France qui ne s'appliqueraient pas aux autres pays pourrait avoir des conséquences négatives sur notre économie.
Quelle est la meilleure conclusion de ce propos ?

A) Il ne faut pas réglementer les bonus distribués par les banques.
B) L'économie mondiale ne peut que s'effondrer.
C) La réglementation des bonus doit être internationale.
D) La France doit décider seule de ses choix.
E) Les bonus ne sont pas la cause de la dernière crise financière.

QUESTION 32. Mamadou a un salaire moins élevé que celui de Myriam et que celui de Martine. Myriam a, pour sa part, un salaire plus élevé que celui de Mauricette. Quel est, des quatre, celui qui a le salaire le plus élevé ?

A) Mamadou
B) Myriam
C) Mauricette
D) Martine
E) On ne peut pas le savoir

QUESTION 33. Le Président Barak Obama est noir. Les médias ont insisté sur ce point. Pourtant la référence raciale a été totalement absente des discours de campagne de Barak Obama. Il s'est présenté comme un américain défenseur des valeurs fondatrices des Etats-Unis. Il a été élu non pas parce qu'il était noir mais parce que la couleur de la peau n'a plus d'importance politique aux Etats-Unis.
Quelle est la meilleure conclusion à ce propos ?

A) Barak Obama n'est pas un Président de rupture.
B) Barak Obama est un révolutionnaire.
C) L'élection de Barak Obama est un accident de l'Histoire des Etats-Unis.
D) Barak Obama a été élu grâce au vote noir.
E) Barak Obama va profondément changer les Etats-Unis.

QUESTION 34. La crise financière de 2009 a surtout concerné les pays occidentaux et, parmi eux particulièrement, la Grande-Bretagne et les Etats-Unis. Cette crise n'est donc pas mondiale. Les déficits chroniques et parfois colossaux des économies des pays occidentaux font face aux énormes excédents commerciaux des pays émergents. La conséquence en est que la hiérarchie des places financières a sensiblement changé après la crise. Les places chinoise, indienne et brésilienne sont dorénavant dans le peloton de tête devant même certaines places européennes.
Quel est le meilleur titre à ce propos ?

A) Vers un krach mondial.
B) La mise en place d'un nouvel ordre mondial.
C) Seule l'Europe est en crise.
D) Vers un gouvernement économique mondial.
E) La crise financière peut-elle déboucher sur une nouvelle guerre mondiale ?

QUESTION 35. Il semble que les dernières réformes des régimes de retraite ne suffiront pas. L'allongement de l'espérance de vie et l'augmentation du nombre de retraités menacent gravement l'équilibre financier des régimes de retraite. Plusieurs options s'offrent aux décideurs. On peut allonger la durée de cotisation ou pousser l'âge légal de la retraite à au moins 65 ans. On peut aussi augmenter les cotisations retraite ou encore baisser le montant des pensions. Enfin, on peut faire appel à l'emprunt pour combler le déficit des caisses de retraite mais la dette de la France est déjà beaucoup trop lourde.
Quelle est la proposition qui correspond le mieux à ce propos ?

A) L'augmentation des cotisations retraite est la seule solution.
B) La situation est si grave qu'il faut obligatoirement retarder l'âge de départ à la retraite et augmenter les cotisations.
C) Il faut lancer un emprunt d'Etat pour sauver nos régimes de retraite.
D) Diminuer le montant des retraites est une solution possible.
E) La retraite est amenée à disparaître dans un avenir plus ou moins proche.

QUESTION 36. Une maîtresse, pour la fin d'année, offre à chacun de ses élèves un sachet contenant des chocolats, des sucettes et des chewing-gums. Chaque élève reçoit un sachet contenant neuf sucreries. Henri s'amuse à tirer au hasard de son sachet deux sucreries en les remettant à chaque fois pour un nouveau tirage. Il s'aperçoit que parmi les deux sucreries tirées il y a toujours au moins un chocolat parmi les deux.
Quelle proposition est peut-être correcte ?

A) Il n'y a que des chocolats dans son sachet.
B) Il y a cinq chocolats dans son sachet.
C) Il n'y a qu'une sucette et aucun chewing-gum dans son sachet.
D) Il y a le même nombre de chocolats, de sucettes et de chewing-gums dans son sachet.
E) Il n'y a que des chocolats et des chewing-gums mais pas de sucettes dans le sachet.

QUESTION 37. Les relations sociales dans les écoles sont devenues très difficiles. Beaucoup d'élèves sont maltraités voire martyrisés. Beaucoup d'enfants et d'adolescents ne conçoivent leurs relations sociales avec leurs pairs que de façon conflictuelle ou dominatrice. Il est urgent de développer des activités artistiques scolaires telles que le théâtre ou la musique en groupe, qui favorisent et incitent à la vie sociale et aux interactions sociales positives.
Quelle affirmation soutient le moins ce propos ?

A) Les activités artistiques permettent aux enfants et aux adolescents de révéler leurs talents pour réussir.
B) Les activités artistiques développent la socialisation.
C) Le théâtre ou la musique en groupe fait baisser l'agressivité.
D) Les activités artistiques apprennent à gérer les conflits.
E) Il n'y a pas assez d'activités artistiques en groupe dans les écoles.

QUESTION 38. Le réchauffement de la Terre semble admis par la majorité des scientifiques. Va-t-il se poursuivre sur une longue période et, si oui, que deviendra l'environnement terrestre ? Le modèle évoqué par certains spécialistes est l'atmosphère de la planète Vénus dont la taille est comparable à celle de la Terre. Véritable fournaise, Vénus a subi un véritable emballement d'effet de serre la rendant totalement inhospitalière.
Quel est le mode d'argumentation utilisé dans ce propos ?

A) L'oxygène est à l'atmosphère terrestre ce que l'acide sulfurique est à l'atmosphère de Vénus.
B) Jacques est plus âgé que Patrick mais plus jeune que Sonia.
C) S'il fait beau jeudi je me mettrai en short. Jeudi j'ai mis un short.
D) Les chiens sont les animaux domestiques les plus attachés à l'être humain. Pourtant certains peuvent être, dans certaines circonstances, de véritables tueurs.
E) Pedro et John sont deux grands amis qui aiment beaucoup le sport. Pedro pratique le handball donc John doit pratiquer le handball.

QUESTION 39. Dans la phrase suivante, les pointillés représentent deux nombres écrits en lettres. Quels sont ces nombres pour que cette phrase soit correcte :

"cette phrase contient -------- "t" et -------- "n".

A) sept et quatre.
B) neuf et deux.
C) cinq et six.
D) huit et trois.
E) cinq et un.

QUESTION 40. Trois athlètes sont côte à côte au départ d'une course de 800 m. L'athlète au maillot vert est à gauche du maillot blanc. L'athlète estonien est à droite du maillot rouge. L'athlète au maillot blanc est à droite de l'estonien. Le cubain est à gauche du russe.
Qui porte le maillot blanc ?

A) Le russe.
B) Le cubain.
C) L'estonien.
D) On ne peut pas le savoir.
E) Le cubain et le russe.

QUESTION 41. Dans un lycée, trois classes de terminales A, B et C sont de niveaux très différents. Norbert, Ibrahim et Jules sont trois élèves de terminale, chacun dans une classe différente. La terminale B a le meilleur niveau des trois. La classe d'Ibrahim n'est pas meilleure que la classe de Norbert et la classe de Norbert n'est pas moins bonne que celle de Jules. Qui, des trois, est élève de la terminale B ?

A) Norbert.
B) Ibrahim.
C) Jules.
D) On ne peut pas le savoir.
E) Aucun des trois.

QUESTION 42. Les jeunes Français âgés de 18 à 25 ans travaillent moins que les Britanniques du même âge : selon les statistiques 53% contre 76%. Mais la différence de salaires moyens entre les 18-25 ans et les plus âgés est plus faible en France qu'en Grande-Bretagne : 71% du salaire des plus âgés contre 57%. Le droit du travail protège plus en France les jeunes contre les emplois précaires et mal rémunérés.
Quelle information s'accorde le moins avec ce propos ?

A) Les jeunes devraient faire des études plutôt que travailler.
B) Le chômage touche principalement les 18-25 ans.
C) Il est plus difficile de trouver un emploi quand on a moins de 25 ans.
D) L'augmentation des salaires entraînerait une augmentation du nombre de jeunes au travail.
E) L'excès de protection sociale est néfaste à l'emploi.

QUESTION 43. Parmi ces cinq syllogismes, quel est le seul qui est valide ?

A) Tous les riches sont cupides. Or quelques riches sont des mécènes. Donc quelques mécènes ne sont pas riches.
B) Nul politicien n'est complètement stupide. Or quelques hommes ne sont pas complètement stupides. Donc quelques hommes ne sont pas politiciens.
C) Tous les singes font des grimaces. Or quelques animaux ne font pas de grimaces. Donc quelques animaux ne sont pas des singes.
D) Aucun homme ne sait voler. Or quelques oiseaux ne savent pas voler. Donc quelques oiseaux sont des hommes.
E) Tous les banquiers sont économistes. Or tout économiste est mathématicien. Donc quelques mathématiciens ne sont pas banquiers.

QUESTION 44. Paul et Corinne sont des maniaques menteurs. Paul ment les jeudis, vendredis et samedis de toutes les semaines de l'année. Corinne, pour sa part, ment tous les lundis, mardis et mercredis. Ils se rencontrent et échangent les propos suivants :

Paul : "Hier, j'ai menti"
Corinne : "Hier, j'ai menti".

Quel jour sommes-nous ?

A) Dimanche.
B) Jeudi.
C) Mardi.
D) Samedi.
E) Lundi.

QUESTION 45. Un enseignant veut développer chez ses élèves la représentation mentale en3D. Pour cela, il imagine un jeu. Sur chaque face d'un cube est inscrit l'une des voyelles A, E, I, O, U, Y. Trois élèves, à tour de rôle, prennent le cube de telle manière qu'ils ne puissent voir que les trois voyelles autour d'un sommet. Le premier déclare voir les voyelles O, I et U, le deuxième, les lettres E, O et A, et le troisième, les lettres I, A et Y. Quelle est la lettre inscrite sur la face opposée à celle sur laquelle est inscrite la lettre U ?

A) E
B) O
C) Y
D) I
E) A

FIN DU SOUS-TEST 3 ! Si les 20 minutes sont écoulées, pas de marche arrière possible.

Sous-test 4

Conditions minimales

Durée : 20 minutes
15 questions

Consignes

Chacun des 15 problèmes qui suivent comporte une question et deux informations étiquetées (1) et (2). Vous devez décider si ces informations sont suffisantes pour répondre à la question.

Vous cocherez :
A) Si l'information **(1)** permet **à elle seule** de répondre à la question, et si l'information (2) à elle seule ne permet pas de répondre à la question.
B) Si l'information **(2)** permet **à elle seule** de répondre à la question, et si l'information (1) à elle seule ne permet pas de répondre à la question.
C) Si les deux informations **(1) et (2) ensemble** permettent de répondre à la question, et aucune séparément ne le peut.
D) Si **chaque** information permet **séparément** de répondre à la question.
E) Si les deux informations **ensemble ne permettent pas** de répondre à la question.

Sauf précision contraire, tous les nombres utilisés sont des nombres réels.

TOP DÉPART ! A partir de maintenant, vous avez 20 minutes pour effectuer ce sous-test.

QUESTION 46. ABCD est un quadrilatère. Est-il un carré ?

(1) ABCD a quatre côtés égaux.
(2) ABCD possède un angle droit.

QUESTION 47. Je pense à un nombre strictement inférieur à 20. Quelle est la valeur de ce nombre ?

(1) C'est un nombre premier.
(2) C'est un nombre impair.

QUESTION 48. Il y a 30 élèves dans la classe d'Halim. Combien y a-t-il de filles ?

(1) Il y a deux tiers de filles.
(2) Il y a dix filles de plus que de garçons.

QUESTION 49. Henri et Mathieu doivent parcourir en vélo le même trajet. Henri roule à une vitesse constante sur tout le trajet. Mathieu roule moins vite qu'Henri durant les deux premiers tiers mais plus vite que ce dernier durant le dernier tiers du trajet. Quel est le plus rapide des deux sur l'ensemble du trajet ?

(1) Durant les deux premiers tiers, Henri a une vitesse de 20% supérieure à celle de Mathieu et, durant le dernier tiers, la vitesse de Mathieu est de 30% supérieure à celle d'Henri.
(2) La distance à parcourir est de 185 km.

QUESTION 50. A est un nombre entier positif à trois chiffres tous différents et impairs. Quelle est sa valeur ?

(1) La somme des trois chiffres de A est inférieure à 20.
(2) Avec le même coefficient multiplicateur, le chiffre des dizaines est un multiple du chiffre des centaines et le chiffre des unités est un multiple du chiffre des dizaines.

QUESTION 51. Qui, des trois, Samia, Ramia ou Fatima, est la plus grande ?

(1) L'addition des tailles de Ramia et de Sonia est inférieure à l'addition des tailles de Fatima et de Sonia.
(2) L'addition des tailles de Ramia et de Fatima est inférieure à l'addition des tailles de Sonia et de Fatima.

QUESTION 52. Quelle est la valeur de y ?

(1) $y^2 - 4y = 0$
(2) $y^2 - 8y = -16$

QUESTION 53. Un capital de 120 000 € est placé, pour une première partie, en assurance-vie à un taux d'intérêt annuel garanti de 3,5 % et, pour une deuxième partie, en actions. Au bout d'un an, la partie placée en actions a rapporté 200 €. Quel est le montant de la partie du capital placée en assurance-vie ?

(1) L'intérêt de l'assurance-vie au bout d'un an s'élève à 2 800 €.
(2) Le bénéfice des actions au bout d'un an n'est que de 0,5% du capital investi.

QUESTION 54. IJK est un triangle. Quelle est la valeur de l'angle JKI ?

(1) L'angle IJK est égal à 40°.
(2) $(JK)^2 - (IK)^2 = (IJ)^2$.

QUESTION 55. L'entier p est-il pair ?

(1) p – 5 est divisible par 2.
(2) p est le cube d'un nombre entier.

QUESTION 56. Un éleveur souhaite vendre la totalité d'un lot de 47 caniches. Certains caniches sont de couleur blanche et d'autres de couleur abricot. Un acheteur intéressé souhaite n'acheter que les caniches dont le poids est inférieur à 4 kg. L'ensemble des caniches dont le poids excède 4 kg a un poids moyen de 4,8 kg et l'ensemble des caniches dont le poids est inférieur à 4 kg a un poids moyen de 3,7 kg. Combien cet acheteur va-t-il acheter de caniches ?

(1) Le nombre de caniches dont le poids est inférieur à 4 kg est pair et le nombre de caniches dont le poids excède 4 kg est un multiple de 5.
(2) Le nombre de caniches dont le poids excède 4 kg est supérieur de 3 au nombre de caniches dont le poids est inférieur à 4 kg.

QUESTION 57. Le triangle ABC est-il un triangle équilatéral ?

(1) L'addition de l'angle ABC et de l'angle CBA est égale à 120°.
(2) L'addition de l'angle CBA et de l'angle CAB est égale à 120°.

QUESTION 58. En début d'année, une classe de terminale comprend 28 filles, nombre qui correspond aux deux tiers du nombre total d'élèves de la classe. En cours d'année, 7 élèves de la classe abandonnent leur scolarité. Combien de garçons ont-ils quitté l'établissement en cours d'année ?

(1) En fin d'année, le nombre de filles représente 60% du nombre d'élèves.
(2) Le nombre d'élèves en fin d'année est de 35.

QUESTION 59. On a vendu 273 billets à une tombola. Certains participants ont acheté 3 billets et les autres ont acheté 5 billets. Combien de participants ont acheté 5 billets ?

(1) Le nombre de participants ayant acheté 3 billets et le nombre de participants ayant acheté 5 billets sont des nombres multiples de 13.
(2) Il y a plus de participants ayant acheté 5 billets que de participants ayant acheté 3 billets.

QUESTION 60. A est un nombre entier à quatre chiffres que l'on peut représenter sous la forme (m,c,d,u). Quelle est la valeur de A sachant que $c = m^2$ et que $(d,u) = 5\ m$?

(1) $m + u = 8$
(2) $c + d = 10$

FIN DU SOUS-TEST 4 ! Si les 20 minutes sont écoulées, pas de marche arrière possible.

Sous-test 5

Expression

Durée : 20 minutes
15 questions

Consignes

Cette épreuve comporte différents types d'exercices :
1. Evaluer le degré de synonymie dans les reformulations.
2. Choisir la formulation qui exprime le mieux un énoncé initial, en tenant compte de la correction orthographique et grammaticale, et du niveau de style.
3. Trouver la meilleure formulation d'une phrase complexe ou d'un court paragraphe (articulateurs logiques, ordre des mots et des membres de phrases).

ATTENTION !
- Soyez rapide.
- Soyez extrêmement attentif aux consignes figurant au début des différents exercices.

TOP DÉPART ! A partir de maintenant, vous avez 20 minutes pour effectuer ce sous-test.

Recherche de synonymie

Consigne de 61 à 64 : choisissez la reformulation dont le sens se rapproche le plus du passage / des passages souligné(s).

QUESTION 61. Si l'on doit se dévouer pour ses amis, à plus forte raison le doit-on pour sa famille.

A). a fortiori
B). à tout jamais
C). a contrario
D). à juste titre
E). a minima

QUESTION 62. La forêt dense tropicale est un écosystème d'une particulière richesse, constituant un énorme ensemble d'espèces différentes.

A). un authentique vivier de biomasse
B). une étourdissante réserve bionique
C). une colossale colonie bioénergétique
D). un prodigieux exemple de biogénèse
E). un énorme réservoir de biodiversité

QUESTION 63. C'est au cours du XXe siècle que les relations entre les sociétés humaines et leur environnement planétaire ont atteint un seuil critique. Ce moment singulier marque un bouleversement des conditions d'existence de l'humanité.

A). unique
B). incroyable
C). inimaginable
D). insensé
E). ahurissant

QUESTION 64. À partir des années 1970, ce pays, passé sous la direction d'un général, s'est imposé au Moyen-Orient comme un État redouté, une puissance régionale centrale, exerçant son influence sur le Liban, la Jordanie, les Palestiniens...

A). mis en tutelle par
B). manœuvré par
C). tombé sous la main d'
D). placé sous la houlette d'
E). cornaqué par

Consigne pour 65 : parmi les cinq adages populaires ci-dessous, trouvez le seul dont le sens soit en contradiction avec l'énoncé figurant dans la question.

QUESTION 65. Ne sois pas seul quand tu poseras les traverses de ta maison.

A). Quand deux cuisiniers préparent un repas, il y aura certainement trop de sel.
B). On ne fait pas du feu avec un seul bout de bois.
C). Les hyènes en groupe osent crier le jour.
D). Personne ne peut percer l'abcès qu'il a dans le dos.
E). Le riz mangé seul s'en va triste dans le ventre.

Correction linguistique

Consigne pour 66 : trouvez parmi les cinq phrases ci-dessous la seule qui ne comporte aucune faute d'orthographe d'usage, et/ou de grammaire.

QUESTION 66.

A). Regardez la médaille que je lui ai offert.
B). Les appartements se sont loué très cher cette saison.
C). Les années que nous avons passé là-bas ont été heureuses.
D). Le maillot qu'elle s'est acheté est très joli.
E). Françoise et Jean ont louée une maison très agréable.

Consigne de 67 à 70 : indiquez la formulation orthographiquement et grammaticalement la plus correcte, la plus claire et la plus élégante pour exprimer le sens du passage souligné. Le choix A reprend la formulation initiale.

QUESTION 67. <u>Pas faciles les voisins ! Mais il faut tout de même essayer de s'entendre. Par ailleurs, pas de problème avec le vieux monsieur du second étage !</u>

A). Pas faciles les voisins ! Mais il faut tout de même essayer de s'entendre. Par ailleurs, pas de problème avec le vieux monsieur du second étage !
B). C'est pas le pied avec les voisins ! Obligé tout de même de s'entendre avec... Pourtant, pas de problème avec le vieux au-dessus.
C). Pas un cadeau les voisins ? Faut bien quand même s'entendre avec ! Pourtant, zéro problème avec le vioque du second.
D). Ils ne sont pas simples, les voisins ! Mais il faut tout de même essayer de s'entendre avec eux. Toutefois, il n'y a pas de problème avec le vieux monsieur du second étage...
E). Pas si simples, les voisins ! Mais y a qu'à essayer de s'entendre avec eux. Néanmoins, zéro problème avec le vieil homme, second étage...

QUESTION 68. Il cherche une activité rémunératrice à l'étranger, car il est tellement endetté, au point que sa situation est devenue critique, et qu'il n'a plus de marge de manœuvre qui lui permette de faire face à l'imprévu.

A). Il cherche une activité rémunératrice à l'étranger, car il est tellement endetté, au point que sa situation est devenue critique, et qu'il n'a plus de marge de manœuvre qui lui permette de faire face à l'imprévu.
B). Il cherche une activité rémunératrice à l'étranger car en étant endetté à un tel point que sa situation est devenue critique il n'a plus de marge de manœuvre pour faire face à l'imprévu.
C). Il n'a plus de marge de manœuvre permettant de faire face à l'imprévu, du fait qu'il est extrêmement endetté. Il cherche donc une activité rémunératrice à l'étranger.
D). Il s'est tellement endetté que sa situation est critique et qu'il n'a plus de marge de manœuvre lui permettant de faire face à l'imprévu, de sorte qu'il cherche une activité rémunératrice à l'étranger.
E). Tellement endettée que sa situation est devenue critique et qu'il n'a plus de marge de manœuvre pouvant lui permettre de faire face à l'imprévu, il cherche une activité rémunératrice à l'étranger.

QUESTION 69. Elle porte de l'intérêt à cette candidature et se rappelle d'elle parce que toujours il a été attentif à et soucieux de son métier. Certainement, il devra se résoudre et s'entraîner à une plus grande rapidité, mais déjà c'est un employé prêt et capable de réussir.

A). Elle porte de l'intérêt à cette candidature et se rappelle d'elle parce que toujours il a été attentif à et soucieux de son métier. Certainement, il devra se résoudre et s'entraîner à une plus grande rapidité, mais déjà c'est un employé prêt et capable de réussir.
B). Elle s'intéresse et se souvient de cette candidature, parce qu'il a toujours été très attentif et soucieux de son métier. Il devra certainement se résoudre et s'entraîner à une plus grande rapidité, mais c'est déjà un employé prêt et capable de réussir.
C). À cette candidature, elle porte de l'intérêt et elle s'en souvient, car il a toujours fait attention à son travail et a été soucieux de son métier. À l'avenir il devra se résoudre à une plus grande rapidité et s'y entraîner mais déjà c'est un employé prêt à réussir et capable de le faire.

D). Elle s'intéresse à cette candidature et s'en souvient parce qu'il a toujours été très attentif à son travail et soucieux de son métier. Il devra certainement se résoudre à une plus grande rapidité, et à s'y entraîner, mais c'est déjà un employé prêt à réussir et capable de le faire.
E). Elle se rappelle de cette candidature et y porte intérêt, sachant qu'il a, toujours, été attentif à son travail et attentionné pour son métier. Certainement, il va se résigner et s'entraîner à une plus grande rapidité, mais, déjà, il est un employé prêt, capable de réussir.

QUESTION 70. Le sort des personnes touchées par la maladie d'Alzheimer est d'être emmuré peu à peu dans le silence, finissant par disparaître pour toujours, les moyens de contact avec autrui s'effaçant tour à tour.

A). Le sort des personnes touchées par la maladie d'Alzheimer est d'être emmuré peu à peu dans le silence, finissant par disparaître pour toujours, les moyens de contact avec autrui s'effaçant tour à tour.
B). Après que les moyens de contact avec autrui se soient effacés tour à tour, disparaissant enfin pour toujours, les personnes touchées par la maladie d'Alzheimer se trouvent emmurées dans un silence progressif.
C). Être emmuré dans le silence, peu à peu, lorsque les moyens de contact avec autrui s'effacent tour à tour jusqu'à disparaître pour toujours, tel est le sort des personnes touchées par la maladie d'Alzheimer.
D). La maladie d'Alzheimer frappe ses victimes d'emmurement progressif dans le silence, en interdisant peu à peu le contacts avec autrui, jusqu'à l'extinction totale et définitive.
E). De moins en moins de contacts avec autrui et une disparition progressive, puis définitive de ces contacts, emmurant les malades dans le silence. Ainsi en va-t-il de la maladie d'Alzheimer.

Cohérence

Consigne de 71 à 75 : trouvez la formulation, la plus précise, la plus logique, la plus claire.

QUESTION 71. (...) travaux d'aménagement, (...) la maîtrise des crues est à peu près générale, notre fleuve grossit comme un oued, (...) les affluents des deux rives aient leurs hautes eaux en même temps.

A). Malgré les	et sachant que	il suffit que
B). Bien que l'on ait fait des	et alors que	pour peu que
C). En l'absence de	et bien que	à condition que
D). En considérant les	et en supposant que	de sorte que
E). Compte non tenu des	et en considérant que	afin que

QUESTION 72. (...) la coupe du monde a permis au rugby d'entrer dans l'ère du marché, la nouvelle liberté économique (...) créée met en péril l'équilibre sportif des compétitions. En effet, la concentration des talents et des moyens financiers au profit d'un petit nombre s'est fortement accentuée.

A). Après que	ipso facto
B). Si	ainsi
C). Quand	alors
D). Alors que	par le fait
E). Une fois que	aussi tôt

QUESTION 73. Le terme de microcrédit est parfois utilisé (...) celui de microfinance qui (...) et qui désigne l'offre de services financiers (crédit, épargne, assurance, transferts de fonds) proposée à des populations pauvres.

A). sur un mode approximatif à défaut de	est plus restrictif
B). de manière interchangeable avec	l'englobe
C). par confusion avec	lui est inféodé
D). de façon impropre au vu de	l'exclut
E). sans discernement par rapport à	lui est supérieur

QUESTION 74. En 25 ans, le taux de fécondité en Afrique du Nord a baissé comme celui de la France en deux siècles : il a pratiquement atteint aujourd'hui le taux de remplacement des générations, et si cette baisse continue, le Maghreb va rejoindre les pays européens avec un taux de fécondité inférieur à deux enfants par femme. Cette mutation est lourde de conséquences pour la décennie à venir : elle va (...).

A). doubler la charge d'entretien des actifs pesant sur les inactifs
B). alourdir la charge d'entretien des inactifs pesant sur les actifs
C). diminuer la charge d'entretien des actifs pesant sur les inactifs
D). alourdir la charge d'entretien des actifs pesant sur les inactifs
E). alléger la charge d'entretien des inactifs pesant sur les actifs

QUESTION 75. En 2008, la croissance américaine, jusqu'alors (...), a manifesté des signes nets d'essoufflement, s'affaissant à seulement 1,9 % après 2,9 % en 2006.

A). claire
B). arc-en-ciel
C). multicolore
D). haute en couleur
E). coloriée

FIN DU SOUS-TEST 5 ! Si les 20 minutes sont écoulées, pas de marche arrière possible.

Il ne reste que la formulation A, que l'on est d'ailleurs tenté de choisir rapidement, par intuition, ce qui économise du temps !

QUESTION 8. E)

Le premier paragraphe du texte permet de valider l'observation indirecte et d'écarter l'expérimentation directe : "La zone active des failles sismiques est inaccessible à l'observation directe et, a fortiori, à toute expérimentation directe...".

Quant aux raisonnements hypothético-déductifs, ils ne sont mentionnés à aucun endroit du texte. En revanche, le dernier paragraphe indique que "les sismologues sont contraints d'utiliser des méthodes empiriques.", ce qui est l'inverse du raisonnement hypothético-déductif, l'empirisme ne reposant que sur l'expérience, et excluant les les systèmes a priori.

QUESTION 9. C)

La première phrase du premier paragraphe permet de valider les propositions 1 et 3. La proposition 2 (le long des côtes), n'est pas abordée par le texte.

QUESTION 10. B)

Il ne s'agit pas de plusieurs centaines de kilomètres, mais de plusieurs kilomètres. Quant à la vitesse, elle est de quelques kilomètres par seconde, et non pas de plusieurs dizaines de kilomètres par seconde. Les "vagues successives" ne sont pas mentionnées dans le texte.

QUESTION 11. C)

Le troisième paragraphe permet de valider les trois propositions concernant l'imprécision des prévisions : magnitude (intensité du séisme) ; délimitation précise de la zone (région concernée) ; probabilité que la prévision se réalise (degré de vraisemblance de l'événement).

QUESTION 12. C)

Les titres A, B, et D sont à exclure, car ils expriment des évaluations radicales de la sismologie, ce qui n'est absolument pas le cas dans le texte : il n'y est jamais question (sur le fond) d'échec flagrant, d' impossible anticipation... la métaphore "orphelins de la prévision" ajoute une composante émotionnelle et une connotation morale qui sont malvenues, étant donné le ton général du texte (niveau de la forme).

Le titre D peut faire hésiter. A la réflexion, le terme "démenti" est trop énergique, trop critique pour qualifier un texte qui se montre neutre, voire bienveillant vis-à-vis de la sismologie.

QUESTION 13. E)

Dans la proposition A, le terme "irréfutable" ne fait pas bon ménage avec les imprécisions qui caractérisent les prévisions sismiques.

B et C comportent des péjorations (approche artisanale et pseudo-science), qui sont contraires à l'esprit du texte.

La formulation D est trop optimiste, exagérée par rapport au bilan contrasté de la sismologie.

La proposition E est en accord avec le pragmatisme qui caractérise cette science.

QUESTION 14. D)

Pour des sismologues, le texte est bien trop basique, pour des ingénieurs et des techniciens, il n'est pas suffisamment basé sur des aspects formalisés, sur des méthodes de travail. Pour des écoliers, il est trop difficile d'accès : il ne se contente pas de l'information de base, il ne donne pratiquement pas d'exemples. Ce texte s'adresse à un public qui dispose d'une bonne expérience de la lecture, mais qui n'est pas spécialiste de sismologie.

QUESTION 15. C)

Ce texte cherche visiblement à être aussi objectif que possible. Il vise également à simplifier, mais sans plus, une science complexe. Loin de lui les préoccupations de morale (A), l'outrance de la satire (B). Un homme politique (D) pourrait peut-être être amené à parler de sismologie, mais certainement pas dans ces termes. Un éditorial (E) sur la sismologie insisterait davantage sur la partie commentaires, beaucoup moins sur la description. D'autre part, il appartient aux éditoriaux de prendre plus nettement position, et de la défendre.

Ce texte pourrait donc être un article de vulgarisation, dans une rubrique spécialisée d'un journal de bon niveau.

Sous-test 2

Calcul

Présentation du sous-test

Le sous-test "Calcul" évalue la maîtrise de connaissances simples dans les domaines de l'arithmétique, de la géométrie, de l'algèbre et du calcul. Il appartient au domaine 1, "Résolution de Problèmes".

Le niveau de connaissance requis correspond à celui du programme de la classe de troisième pour l'essentiel et pour certaines questions à celui des classes de seconde et de première.

Plus précisément, les champs de connaissances requis sont les suivants :
- les entiers relatifs, les décimaux et les nombres réels ;
- les puissances et les racines carrées ;
- les pourcentages et les proportions ;
- les progressions arithmétiques et géométriques ;
- les identités remarquables ;
- les équations du premier et du second degré ;
- les systèmes d'équations (3 inconnues au maximum) ;
- l'analyse combinatoire simple ;
- la moyenne statistique ;
- les propriétés des droites parallèles (théorème de Thalès) et des droites perpendiculaires (théorème de Pythagore) ;
- propriétés élémentaires du triangle, du cercle, du rectangle et du carré.
- la trigonométrie.

Beaucoup de questions peuvent être résolues avec un "bon sens" mathématique, c'est-à-dire même en ayant oublié certains théorèmes, mais **nous vous conseillons tout de même de réviser ces notions mathématiques. Leur bonne maîtrise vous permettra d'économiser un temps précieux.**

Par ailleurs, la plupart des problèmes sont présentés sous forme d'histoires de la vie quotidienne, là où les notions mathématiques sous-jacentes n'apparaissent pas toujours de façon évidente. Certains candidats vont donc essayer, dans ce cas, de résoudre le problème par analyse sémantique, sans faire appel au langage mathématique. D'autres vont en quelque sorte "déshabiller" le problème de son sens afin de le reformuler en langage mathématique, par exemple sous forme d'une ou de plusieurs équations. L'essentiel est de trouver la solution dans le temps le plus court possible.

Nous allons maintenant détailler les solutions de trois questions de difficulté variable. Cette dernière est définie par le pourcentage de bonnes réponses qu'elle provoque. Nous utiliserons les différents éléments stratégiques que nous avons présentés précédemment.

Consignes

Ce sous-test est constitué de 15 questions pour lesquelles vous disposez de 20 minutes.

Les questions ne sont pas classées par ordre de difficulté.

L'utilisation de la calculatrice est interdite.

Exemple 1

ÉNONCÉ

Lors d'une fête foraine, les organisateurs se font livrer un tonneau de vin à 9h du matin. A 11h, un cinquième du contenu du tonneau a été consommé, soit 40 litres. Le soir, à la fermeture, le tonneau ne contient plus qu'un dixième de son contenu initial. Quelle est la quantité de vin dans le tonneau à la fin de la fête foraine ?

Réponses proposées :

A) 80 litres B) 35 litres C) 30 litres D) 25 litres E) 20 litres

La solution repose sur une manipulation de proportion. Cette question provoque entre 70% et 80% de bonnes réponses. Il s'agit donc d'une question facile qui ne présente pas de difficultés mathématiques majeures. Par conséquent, il est essentiel de la résoudre en un temps le plus court possible.

SOLUTION

1/5 vaut 40 litres, donc 1/10, qui est la valeur recherchée, vaut la moitié de 40 litres, soit 20 litres.

La bonne réponse est E.

Elle peut être trouvée très rapidement à condition d'avoir repéré lors de la lecture de l'énoncé que la valeur cherchée est la moitié de 40 litres. On peut poser le problème sous forme d'équations mais la solution sera trouvée plus lentement. On retiendra de cette question l'importance, déjà soulignée, d'une lecture très attentive de l'énoncé.

Exemple 2

ÉNONCÉ

Deux entiers naturels positifs m et p sont tels que leur somme et leur produit vérifient:

(1) $m . p = 35$ (2) $m + p = 12$

Quelle est la valeur de $m^2 + p^2$?

Réponses proposées :

A) 64 B) 81 C) 77 D) 74 E) 88

SOLUTION

La solution ne peut pas être trouvée à partir des réponses proposées. Cette question provoque entre 40% et 50% de bonnes réponses. Il s'agit donc d'une question de difficulté moyenne. L'écriture mathématique est un des handicaps rencontrés par certains candidats. Il faut vous convaincre qu'il ne s'agit que de problèmes mathématiques simples.

Une lecture attentive de l'énoncé fait apparaître que la solution peut être trouvée rapidement si l'on se souvient que $m^2 + p^2$ est un élément de l'identité remarquable suivante :

(1) $(m + p)^2 = m^2 + p^2 + 2mp$

Or l'énoncé nous donne à la fois m . p et m + p en conséquence (1) devient :

(2) $12^2 = m^2 + p^2 + 2\ (35)$

$144 = m^2 + p^2 + 70$

$144 - 70 = m^2 + p^2$

donc $m^2 + p^2 = 74$

La bonne réponse est la réponse D. Elle peut être trouvée très rapidement.

Exemple 3

ÉNONCÉ

Deux cyclistes (A et B), dont l'un est professionnel, décident de faire une course poursuite. A démarre le premier et roule à une vitesse de 42 km/h. B démarre 20 minutes après et rattrape A au bout de 60 minutes. A quelle vitesse B a-t-il roulé ?

Réponses proposées :

A) 39 km/h B) 54 km/h C) 56 km/h D) 58 km/h E) 48 km/h

SOLUTION

Il s'agit d'une question difficile. Pourtant, ainsi que nous allons le montrer, la solution est beaucoup plus simple qu'il n'y paraît. C'est un simple système d'équations qui peut se résoudre par calcul mental.

Tout d'abord, il faut se rappeler que la vitesse n'est autre que la distance parcourue par un mobile en un temps donné. Pour cette raison, elle est exprimée en km/h ou en m/s.

Appelons Va la vitesse de A et Vb la vitesse de B. On cherche Vb.

L'énoncé nous dit que B a roulé pendant 60 minutes. On peut en déduire que A a roulé pendant 80 minutes puisqu'il est parti 20 minutes avant B et qu'il a été rattrapé par B au bout de 60 minutes. De plus on sait que Va = 42 km/h.

Posons alors :

(1) Va = 42 = d / 1,33   d est la distance parcourue et 1,33... représente 80 minutes exprimée en heures.

B n'a roulé que 60 minutes (1 heure) mais il a parcouru la même distance que A. En conséquence on peut écrire :

(2) Vb = d / 1

de (1) on déduit que d = 42 x 1,33... ce qui permet d'écrire (2) Vb = 42 x 1,33... soit 56 km/h.

La bonne réponse est C.

Il est possible d'éviter, dans la résolution de ce problème, l'écriture mathématique. On peut raisonner alors de la façon suivante. A roule à 42 km/h pendant 80 minutes. En conséquence, il a parcouru 42 x 1,33... soit 56 km. B roule pendant 60 minutes soit 1h. Il a parcouru en 1h, 56 km puisqu'il a rattrapé A. En conséquence, il a roulé à 56 km/h (réponse C). La réponse peut donc être trouvée très rapidement avec ou sans le langage mathématique.

Sous-test 3

Raisonnement / argumentation

Présentation du sous-test

Le sous-test 3 est le premier sous-test du domaine "Raisonnement logique". **Il évalue le degré de maîtrise de compétences de raisonnement logique simple**, telles que l'implication, la transitivité ou encore le syllogisme.

Sa passation ne nécessite pas de connaissance approfondie des principes et théorèmes fondamentaux de la logique formelle. Les deux formes de raisonnement, inductif et déductif, sont testés. Le premier (déduction) fonctionne par enchaînement de propositions ordonnées selon les principes logiques afin de trouver une solution. Le deuxième fonctionne par généralisation à partir de cas singuliers.

Combien de questions et quelles sortes de questions ?

Le sous-test "Raisonnement / Argumentation" est composé de quinze questions. Pour chaque question, **vous devez analyser une situation-problème**, parfois sans aucune ambiguïté et parfois floue, qui vous est présentée dans un petit paragraphe, avant de répondre à une question. La plupart des questions relèvent du bon sens.

Deux types de bonnes réponses sont proposés. Pour le premier, la bonne réponse est explicitement unique. Pour le deuxième, qui représente une situation de prise de décision fréquente dans la vie quotidienne, plusieurs réponses sont possibles et le candidat doit alors choisir celle qui convient le mieux.

Consignes

Par ailleurs d'autres questions visent la capacité à évaluer la meilleure ou la moins bonne des conclusions ou des illustrations possibles, à évaluer le meilleur ou le moins bon parallélisme avec une situation ou raisonnement comparable, à expliciter les sous-entendus qui fondent les affirmations du discours proposé.

Dans ce cas, les consignes orientent la réflexion et peuvent être formulées avec une grande variété :

- Vers quelle conclusion tend ce développement ?
- Quelle proposition / Quel argument soutient le mieux la conclusion ?
- Qui (parmi les catégories de personnes répertoriées) peut s'exprimer ainsi ?
- Quelle est la proposition qui illustre le mieux le point de vue défendu dans cette argumentation ?
- A quel proverbe la situation se réfère-t-elle le mieux ? etc...

Pour cette catégorie de questions, il faut faire très attention à ne pas confondre les points de vue défendus dans les énoncés avec ses propres points de vue.

Nous allons maintenant détailler les solutions de trois questions de difficulté variable. Cette dernière est définie par le pourcentage de bonnes réponses qu'elle provoque. Nous utiliserons les différents éléments stratégiques que nous avons présentés précédemment.

Statistiques

D'un point de vue statistique, le sous-test "Raisonnement / Argumentation" provoque globalement pour les 15 questions, selon les années, entre 45% et 55% de bonnes réponses, entre 25% et 35% de non-réponse et entre 20% et 30% de mauvaises.

Il s'agit d'un sous-test plutôt difficile. Il s'accompagne d'un pourcentage significatif de mauvaises réponses. La lecture des énoncés doit se faire avec une grande attention.

Exemple 1

ÉNONCÉ

La recherche de la vie extraterrestre est devenue une quête permanente depuis quelques années chez beaucoup d'astronomes. Les espoirs les plus immédiats se tournent vers la planète Mars. Certes, on n'est pas assuré qu'il y ait actuellement de la vie sur cette planète mais que probablement il y en a eu, car les scientifiques pensent que durant les deux premiers milliards d'années de la vie de Mars, ses conditions étaient proches de celles de la Terre.
Parmi ces cinq argumentations, quelle est celle qui est utilisée dans ce propos pour asseoir l'hypothèse d'une ancienne vie sur Mars ?

Réponses proposées :
A) Sophie et Albertine sont deux bonnes élèves du même âge. Sophie est en seconde donc Albertine doit être en seconde.
B) Les enfants bons élèves se couchent tôt. Le fils de ma voisine regarde la télévision le soir. C'est un bon élève.
C) Les personnes âgées ont des performances intellectuelles inférieures à celles des jeunes. Malgré tout certaines conservent un haut niveau d'activité.
D) L'air est aux mammifères ce que l'eau est aux poissons.
E) Sur la route, Paul est doublé par Jacques et Jacques est doublé par Benjamin.

SOLUTION

Ce type de question provoque un taux de bonnes réponses compris entre 60% et 70% de bonnes réponses, mais aussi entre 20% et 30% de mauvaises réponses. Son traitement nécessite autant une analyse de l'énoncé que de chacune des réponses proposées. On peut essayer de trouver la solution en raisonnant à partir du sens mais cette stratégie peut amener à des erreurs de raisonnement.

Une reformulation de l'énoncé permet de dire que "la Terre et Mars sont comparables à leur début. La Terre accueille la vie. Mars a dû accueillir la vie à ses débuts". Il s'agit d'un raisonnement de type syllogistique. Rappelons qu'un syllogisme comprend trois propositions : la majeure (ici, la Terre et Mars sont comparables à leur début), la mineure (ici, la Terre accueille la vie) et la conclusion qui est déduite de la majeure par l'intermédiaire de la mineure (ici, Mars a dû accueillir la vie à ses débuts). Il s'agit donc de découvrir parmi les cinq réponses proposées, laquelle est un raisonnement syllogistique.

La Réponse A est bien de type syllogistique, avec une proposition majeure (Sophie et Albertine sont deux bonnes élèves du même âge), une mineure (Sophie est en seconde) et une conclusion déduite de la majeure par l'intermédiaire de la mineure (Albertine est en seconde). Il faut alors vérifier la structure des quatre autres réponses.

La réponse B comprend bien trois propositions : une majeure (les enfants bons élèves se couchent tôt), une mineure (l'enfant de ma voisine se couche tard) et une conclusion (l'enfant de ma voisine est un bon élève). Mais la conclusion ne se déduit pas de la majeure par l'intermédiaire de la mineure. En conséquence, il ne s'agit pas d'un syllogisme, mais d'une argumentation incohérente.

La réponse C est du type "il existe des A (personnes âgées) inférieurs à B (personnes jeunes)" mais "il existe aussi des A qui sont presque égaux ou supérieurs à B". Ce raisonnement n'est pas de type syllogistique.

La réponse D est un raisonnement analogique du type A est à B ce que C est à D. Il ne s'agit donc pas d'un raisonnement syllogistique.

Enfin la réponse E est un raisonnement de type transitif mais sans conclusion. On peut le formuler comme suit : "Jacques est plus rapide que Paul" et "Benjamin est plus rapide que Paul". Les deux propositions n'amènent pas à une conclusion et demeurent donc indépendantes. Le raisonnement n'est donc pas du type syllogistique.

La seule réponse qui possède la même structure de raisonnement que l'énoncé est donc la réponse A. Les mauvaises réponses se répartissent sur les quatre autres solutions proposées.

Exemple 2

ÉNONCÉ

Anne, Valérie, Caroline et Inès appartiennent à la même promotion d'une école de commerce. Quinze ans après la fin de leurs études, elles se retrouvent lors d'un dîner. Elles discutent de leur réussite professionnelle et en viennent à comparer leur salaire. Aucune ne gagne le même salaire. Il apparaît que Inès n'a pas un salaire inférieur à celui de Valérie, que Caroline n'a pas un salaire inférieur à celui de Inès et que Anne n'a pas un salaire inférieur à celui de Caroline. Qui possède le troisième salaire, le premier étant le plus élevé ?

Réponses proposées :
A) Anne
B) Valérie
C) Caroline
D) Inès
E) Il est impossible de répondre

SOLUTION

Ce type de question provoque un taux de bonnes réponses de l'ordre de 50% à 55%. Il s'agit d'une question de difficulté moyenne. En revanche, le taux de mauvaises réponses est compris entre 30% et 35%. L'erreur la plus fréquente est le choix de la réponse E.

La seule difficulté est la lecture de l'énoncé. Elle doit révéler immédiatement que le problème posé est une succession d'inégalités qu'il est possible d'emboîter. Et, par ailleurs, chaque inégalité est exprimée sous une forme négative du type : "x n'a pas un salaire inférieur à y". Il y a plusieurs façons de trouver la bonne solution, mais il faut adopter une stratégie qui soit peu coûteuse en temps. L'une des façons est de se débarrasser des formes négatives en posant que la proposition "x n'a pas un salaire inférieur à y" est équivalente à "x a un salaire supérieur à y". Nous écrirons cette deuxième proposition sous la forme $x > y$. L'inégalité est stricte car l'énoncé nous dit qu'elles ont toutes un salaire différent. Par ailleurs, nous appellerons Anne "A", Valérie "V", Caroline "C" et Inès "I".

Les propositions nous disent successivement que :

(1) I > V
(2) C > I
(3) A > C

On en déduit que : A > C > I > V

En conséquence le troisième salaire, le premier étant le plus élevé, est celui de I soit celui d'Inès. La bonne réponse est la réponse D. Le choix erroné le plus fréquent est la réponse E (environ 8% à 10%). Il est dû au fait qu'une stratégie sans mise en forme logique, c'est-à-dire uniquement fondée sur la sémantique des propositions, ne permet pas de constater facilement que les trois inégalités s'emboîtent, c'est-à-dire qu'elles n'en forment qu'une seule.

Remarquons que pour ce type de question, la réponse ne peut être trouvée qu'à partir des données de l'énoncé. Les réponses proposées ne permettent pas de sélectionner celle qui est la bonne. Les erreurs sont provoquées par le fait qu'une proportion importante des candidats se perd dans la sémantique du problème. Une mise en forme du type de celle que nous avons proposée ("x > y") permet de gagner un temps précieux, d'une part, et de parvenir à la solution avec une grande certitude, d'autre part.

Exemple 3

ÉNONCÉ

Les partisans de la thèse selon laquelle l'instauration d'un service minimum dans les transports publics ne serait pas une atteinte au droit de grève, mais une limite légitime à un pouvoir qui n'a pas de contre pouvoir, ont bien du mal à se faire entendre. La conscience d'une telle nécessité fait son chemin, notamment grâce à la naissance d'associations d'usagers.

Quelle est la proposition la plus proche de l'argumentation ci-dessus ?

Réponses proposées :

A) L'instauration d'un service minimum dans les transports publics serait une atteinte au droit de grève.

B) Le droit de grève est le seul pouvoir qui n'a pas de contre pouvoir.

C) Personne ne se soucie des effets de grève dans les transports publics sauf les associations d'usagers.

D) A la faveur, entre autres, de l'apparition des associations d'usagers, on commence à prendre au sérieux les conséquences des grèves dans les transports publics.

E) Seule l'action des associations d'usagers peut parvenir à une limitation du droit de grève dans les transports publics.

SOLUTION

Ce type de question provoque un taux de bonnes réponses compris entre 30% et 25%. Il s'agit d'une question difficile. Le taux de mauvaises réponses est compris entre 25% et 30%. Il est donc très élevé. Les quatre mauvaises réponses sont choisies sans préférence particulière.

La difficulté de ce type de question vient du fait que leur solution repose, à la différence des deux premiers exemples, uniquement sur une analyse sémantique de l'énoncé. Une mise en forme en langage logique n'est pas possible. Il faut donc faire très attention à ne pas confondre le point de vue développé dans l'énoncé avec son propre point de vue. Par ailleurs, la question posée n'amène pas à une déduction, puisqu'elle demande de choisir parmi les cinq réponses proposées celle "qui est la plus proche" de l'énoncé. En conséquence, la stratégie que nous conseillons est de partir de chacune des réponses proposées pour éliminer celles qui sont contradictoires ou éloignées du contenu de l'énoncé.

La réponse A nous dit que l'instauration d'un service minimum serait une atteinte au droit de grève. L'énoncé nous dit au contraire qu'elle serait un légitime contre pouvoir. Cette réponse est contradictoire.

La réponse B nous dit que le droit de grève est le seul pouvoir qui n'a pas de contre pouvoir. Cette proposition n'est pas contradictoire avec l'énoncé, mais elle le dépasse. Ce dernier dit uniquement que le droit de grève dans les transports n'a pas de contre pouvoir. Ce qui ne signifie pas que le droit de grève en général n'a pas de contre pouvoir. La proposition n'est pas contradictoire mais relativement éloignée. Elle est, de ce point de vue, la meilleure.

La réponse C est contradictoire avec l'énoncé. Elle nous dit que personne ne se soucie des effets des grèves sauf les associations d'usagers. Or l'énoncé nous dit que la conscience d'une limitation du droit de grève progresse grâce "notamment" à la création d'associations d'usagers. Le mot "notamment" signifie que d'autres groupes ou d'autres individus que les associations d'usagers se soucient des effets des grèves.

La réponse D est une reformulation possible de l'énoncé. Elle commence par "à la faveur entre autres" ce qui correspond au "notamment" de l'énoncé. Les associations d'usagers sont présentées comme des vecteurs importants, mais pas uniques, de la prise de conscience des conséquences de grèves. Sans être identique à l'énoncé, la proposition apparaît très proche de l'énoncé. Sa proximité est plus grande que la proposition de la réponse B, qui est une généralisation qui sort du contexte des transports publics.

La réponse E est une généralisation assez comparable à celle de la réponse B. Elle stipule que "seules" les associations peuvent obtenir une limitation du droit de grève. L'énoncé ne prête pas un tel pouvoir aux associations qui sont présentées comme des acteurs importants mais pas les seuls.

En conclusion, la bonne réponse est la réponse D. Les réponses C et E, tout en n'étant pas contradictoires avec l'énoncé, le dépassent et sont donc plus éloignées de l'énoncé que la réponse D. Enfin, les réponses A et B sont les plus éloignées, car contradictoires avec le contenu de l'énoncé.

Sous-test 4

Conditions minimales

Présentation du sous-test

Ce sous-test vise à contrôler la capacité d'analyse de la pertinence d'informations en vue de la résolution d'un problème. Ce sous-test est le deuxième sous-test du domaine "Résolution de Problème", le premier étant le sous-test "Calcul". Ils recouvrent les mêmes champs de compétences, mais le sous-test "Conditions Minimales" comprend des **questions dont les énoncés sont formulés de façon bien particulière et inhabituelle.** Les énoncés se terminent par une question mais ils ne contiennent **pas assez d'informations pour y répondre.**

Plus précisément, les quinze questions sont formulées avec des informations initiales, qui, à elles seules, ne permettent pas de résoudre le problème, et deux informations complémentaires notées (1) et (2). Le candidat doit décider si l'une ou l'autre, les deux ensemble ou aucune des informations complémentaires ne permet de résoudre le problème.

Consignes

Plus précisément, les candidats doivent choisir, comme pour les autres sous-tests, la solution parmi cinq réponses A, B, C, D et E définies comme suit :

A : Si **l'information (1) permet à elle seule de répondre** à la question, et si l'information (2) à elle seule ne permet pas de répondre à la question.

B : Si **l'information (2) permet à elle seule de répondre** à la question, et si l'information (1) à elle seule ne permet pas de répondre à la question.

C : Si **les deux informations (1) et (2) ensemble permettent de répondre** à la question, et aucune séparément ne le peut.

D : Si **chaque information permet séparément de répondre** à la question.

E : Si **les deux informations ensemble ne permettent pas de répondre** à la question.

Combien de questions et quelles sortes de questions ?

La difficulté de ce sous-test provient de la formulation inhabituelle des 15 questions. Notre scolarité nous a appris à résoudre des problèmes à partir de données initiales, mais pas à déterminer si un problème est soluble en fonction des informations dont on dispose.

Cette deuxième situation correspond plus à des contextes de vie réelle. Il s'agit d'un sous-test difficile. Le taux de bonnes réponses est compris entre 45% et 55%, entre 15% et 20% de non réponse et entre 35% et 45% de mauvaises réponses.

La difficulté du test provient donc du choix fréquent de mauvaises réponses de par les formulations inhabituelles des énoncés. **Il nécessite une grande attention et surtout une très forte méthode.** Trois exemples vont illustrer ce propos.

Exemple 1

ÉNONCÉ

Le prix d'un véhicule automobile a baissé régulièrement du mois de février au mois de septembre, à raison de 5% par mois. De quelle somme le prix de cette automobile a-t-il baissé du mois de mars au mois de juillet ?
(1) son prix au mois de février était de 10 000 € ;
(2) son prix au mois de septembre était de 6 983,73 €.

Réponses proposées :
A, B, C, D et E selon l'explication précédente.

SOLUTION

Pour résoudre ce problème il n'est pas nécessaire de faire des calculs. Il suffit de déterminer si l'on peut calculer la baisse du prix en fonction des informations fournies. Malgré tout, plutôt que de répondre sans certitude, il est plus judicieux de vérifier par les calculs que la baisse du prix peut être trouvée. Mais dans ce cas, la perte de temps risque d'être considérable. Il s'agit alors de choisir entre prendre le risque de sélectionner une mauvaise réponse et perdre un temps précieux. Il faut minimiser les risques en étant le plus rapide possible. La seule stratégie ici est d'être très méthodique.

Dans l'exemple qui nous intéresse, la question porte sur la baisse du prix d'une automobile. Comme information initiale on ne dispose que du fait que son prix a baissé à raison de 5% par mois entre février et septembre. Pour calculer le montant de la baisse il faut :
1 - connaître le prix de l'automobile à un moment quelconque, entre février et septembre ;
2 - calculer le prix au mois de mars et au mois de juillet, afin de soustraire le deuxième au premier.

Pour réaliser 2 il faut connaître 1. La condition est donc de connaître le prix de l'automobile à un moment quelconque entre février et septembre. L'information supplémentaire (1) fournit le prix au mois de février. On peut donc calculer la baisse avec l'information (1) seule. L'information supplémentaire (2) fournit le prix au mois de septembre. On peut donc aussi calculer la baisse avec l'information (2) seule. En conclusion, les deux informations supplémentaires permettent séparément de trouver la solution.

La bonne réponse est D (chaque information permet séparément de répondre à la question).

Exemple 2

ÉNONCÉ

Un nombre entier a est inférieur à 60. Quelle est sa valeur ?
(1) a est un cube ;
(2) a est un multiple de 3.

Réponses proposées :
A, B, C, D et E selon l'explication précédente.

SOLUTION

On cherche un chiffre ou un nombre qui soit à la fois un cube, un multiple de 3 et inférieur à 60.
L'information (1) nous dit que le nombre cherché est un cube. Il existe plusieurs cubes inférieurs à 60 (1, 8, 27). A elle seule, l'information ne permet pas de répondre.
L'information (2) nous dit que le nombre cherché est un multiple 3. Il existe plusieurs multiples de 3 inférieurs à 60 (3, 6, 9, 12, 15, 18, 21, 24, 27...). L'information (2) ne permet donc pas, comme l'information (1), à elle seule, de trouver la solution.
En revanche, les deux informations permettent de trouver le nombre demandé, il s'agit de 27. A partir du moment où il y a plusieurs cubes inférieurs à 60, il faut une information supplémentaire pour trouver le nombre demandé. La réponse peut donc être trouvée très rapidement.

La bonne réponse est C (les informations (1) et (2) ensemble permettent de répondre à la question, et aucune séparément ne le peut). Soulignons à cet égard qu'un nombre conséquent de candidats confondent la réponse C et la réponse E. Il convient d'être très vigilant à ce sujet.

Exemple 3

ÉNONCÉ

Un triangle ABC, rectangle en A, est tel que les deux côtés formant l'angle droit sont égaux. On augmente sa surface de 44%, les deux côtés formant l'angle droit restant égaux. Quelle est en mètre la longueur de son hypoténuse après l'augmentation ?

(1) la surface du triangle après augmentation est de 72 m^2.
(2) la longueur de l'hypoténuse a augmenté de 20% .

SOLUTION

On cherche la longueur de l'hypoténuse, après augmentation de 44% de la surface, d'un triangle rectangle isocèle tel que dessiné ci-dessous :

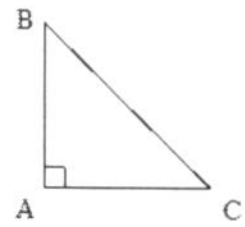

L'information initiale porte sur sa surface, que l'on augmente de 44%, tout en conservant l'égalité AB = AC. Rappelons que l'hypoténuse BC se calcule par la formule :

$BC^2 = AB^2 + AC^2$ soit $BC^2 = 2\ AB^2$ ou $BC^2 = 2\ AC^2$.

Par ailleurs, le triangle ABC représente la moitié d'un carré puisque AB = AC. Sa surface S est donc égale à :

$S = AB^2/2$ ou $S = AC^2/2$. En conséquence $AB^2 = AC^2 = 2S$

En conséquence, pour trouver la valeur de l'hypoténuse, il faut :

1) connaître la surface du triangle (S) ;
2) calculer 2S qui correspond à AB^2 et à AC^2 ;
3) effectuer $AB^2 + AC^2$ qui nous donne BC^2 (BC étant l'hypoténuse) ;
4) calculer la racine carrée de $(AB^2 + AC^2)$.

La seule information nécessaire pour trouver la solution est donc S.

L'information (1) nous dit qu'après augmentation de 44% la surface du triangle est de $72m^2$. On peut donc calculer la valeur de l'hypoténuse. L'information (1) seule permet de trouver la solution.

L'information (2) nous dit que la longueur de l'hypoténuse a augmenté de 20% après l'augmentation de 44% de la surface du triangle. Cette information ne permet pas de déterminer la valeur de S et donc ne permet pas de trouver la solution.

En conséquence, l'information (2) n'est pas pertinente et l'information (1) permet à elle seule de trouver la solution. La bonne réponse est A (l'information (1) permet à elle seule de répondre à la question, et l'information (2) à elle seule ne permet pas de répondre à la question).

Soulignons que pour résoudre des problèmes de conditions minimales, une stratégie performante consiste à déterminer les informations nécessaires et suffisantes pour trouver la solution. Dans cet exemple, nous avons déterminé que l'information nécessaire et suffisante était la surface S. On peut alors analyser si les deux informations supplémentaires contiennent de façon directe ou indirecte les informations nécessaires et suffisantes. Dans cet exemple, l'information (1) fournit la valeur de S et en conséquence elle se suffit à elle seule.

Sous-test 5

Expression

REMARQUE PRÉALABLE :

L'épreuve proposée ici, et l'épreuve "Compréhension", figuraient dans notre panel d'épreuves il y a quelques années. Pour l'essentiel, elles sont toujours représentatives des épreuves actuelles.

Merci de garder toutefois en mémoire ce principe : nos épreuves sont en évolution constante, sous l'effet de l'esprit créatif des concepteurs, et sur la base de l'évaluation - quantitative et qualitative - permanente des exercices inclus dans notre test.

Peut-être serez-vous parfois surpris de constater des décalages entre les épreuves d'un même sous-test, que ce soit "Compréhension" ou "Expression". Soyez convaincus que ce décalage est voulu, réfléchi et évalué. Faites de votre mieux pour vous adapter...

Bonne chance !

Présentation du sous-test

Ce sous-test est destiné à tester l'aptitude à comprendre une information formulée dans un court message verbal, puis à en trouver rapidement soit une reformulation conservant le sens initial, soit une reformulation meilleure par la correction et la précision, soit la suite probable dans le développement d'un message cohérent.

Consignes

Ce sous-test comporte différents types d'exercices :

• Evaluer le degré de synonymie dans les reformulations.

• Choisir la formulation qui reprend le mieux (correction et clarté) l'énoncé initial.

• Choisir les mots qui assurent la cohérence du texte.

Pourquoi ce sous-test ?

A propos de l'épreuve "Compréhension d'un texte écrit", il a été question de compétence de l'écrit en tant qu'ensemble de savoirs, savoir-faire et savoir-être spécifiques.

L'épreuve d'expression, quant à elle, permet de tester certains de ces savoirs et savoir-faire constitutifs de la compétence de lecture et de la compétence d'écriture :

• Maîtrise de l'orthographe, des règles de grammaire ;

• Connaissance du lexique (vocabulaire général et spécialisé, expressions idiomatiques, proverbes, etc.) ;

• Repérage, compréhension, choix des articulateurs logiques dans les textes.

Comment se préparer à ce sous-test ?

"Expression" est, comme on vient de le voir, un **sous-test destiné à tester l'aptitude à comprendre une information formulée dans un court message verbal**, puis à en trouver rapidement soit une reformulation conservant le sens initial, soit une reformulation meilleure par la correction et la précision, soit la suite probable dans le cadre d'un message cohérent.

RECHERCHE DE SYNONYMIE

Le travail avec un bon dictionnaire synonymique et analogique s'impose. Il est important, pour exprimer une idée donnée, d'avoir à sa disposition non seulement un mot, mais un réseau de mots. Une réflexion et un travail pratique sur les champs sémantiques est certainement fort utile. Précieuse également, la pratique régulière de la paraphrase, pratiquée dans le respect du texte de départ.

CORRECTION GRAMMATICALE

La première série d'exercices renvoie à la compétence grammaticale pour laquelle il est relativement aisé de trouver des conseils et des consignes dans les dictionnaires de difficultés de la langue française, dans les ouvrages de grammaire et dans les cahiers d'exercice pour améliorer son orthographe.
Pour ce qui est du style, l'entraînement consistera à pratiquer la reformulation de messages. Dans certains cas, il s'agit surtout de variations de la forme, d'un transcodage (comme le passage de l'oral à l'écrit, du registre familier au registre officiel). Dans d'autres, il s'agit de veiller à ce que la reformulation n'altère pas le message initial, ou plutôt d'être conscient des modifications de sens que cette réécriture apporte.
Afin de se sensibiliser à ces problèmes, les candidats auront intérêt à lire des ouvrages généraux sur la variété des styles et l'effet qu'ils produisent.

COHÉRENCE

Les connecteurs logiques sont parfois répertoriés dans les grammaires, les dictionnaires ou les manuels d'expression.
La réussite de cette sous-partie suppose une habitude à faire des rapprochements entre faits et arguments, à tirer des interprétations, envisager les présupposés et les implications qui découlent d'un énoncé. Sur ce dernier plan, les candidats, soucieux de se préparer au mieux, auront avantage à prendre conseil auprès d'enseignants spécialistes de langue française et de linguistique.

ÉVOLUTIONS ÉVENTUELLES

La structuration de l'épreuve d'expression en trois sous-parties, ainsi que le type d'exercices proposés ne doivent pas être considérés comme intangibles. De nouveaux exercices peuvent apparaître d'une session à l'autre. Nous recommandons donc aux candidats de prêter beaucoup d'attention aux consignes qui sont données à l'intérieur de ce test.

Structuration du sous-test

Recherche de synonymie

Partons d'une définition du *Petit Larousse illustré* (2003) : "synonyme : adjectif et nom masculin (grec sunônumos ; de sun, avec et onoma, nom). [Linguistique] Se dit de deux ou plusieurs mots de même fonction grammaticale, qui ont un sens analogue ou très voisin (Par ex. les verbes briser, casser et rompre sont synonymes). Contraire : antonyme."

Dans le test d'expression, nous irons au-delà de cette définition stricto sensu, **en y incluant la synonymie entre groupes de mots, membres de phrases, phrases, et même groupes de phrases.** Il s'agit alors de vérifier une aptitude à mesurer une équivalence de sens allant du plus simple (le mot) au plus complexe (le paragraphe).

Notre définition de la synonymie inclut donc ce que l'on peut appeler la paraphrase, dans les sens indiqués sous 1 et 3, dans cette définition du même *Petit Larousse illustré* :
"paraphrase : nom féminin (grec paraphrasis)
1. Développement explicatif d'un texte.
2. Péjor. Commentaire verbeux et diffus d'un texte.
3. [Linguistique] Énoncé synonyme d'un autre énoncé moins long."

Cette capacité à évaluer un degré de synonymie, de paraphrase, est considérée par les linguistes comme un savoir-faire avancé, précieux à la fois pour la compréhension et l'expression.

Voici maintenant quelques exemples d'exercices portant sur trois aspects de cette problématique de la synonymie / paraphrase. Il s'agit, à chaque fois, de choisir la formulation dont le sens se rapproche le plus du passage souligné.

SYNONYMIE / PARAPHRASE AU NIVEAU DES MOTS

S1. Parce qu'en période de crise, il faut vivre d'espoir, la France joue. Quand la réussite sociale par le travail devient aléatoire, pourquoi en effet ne pas s'en remettre au Loto ?

A) Elle est totalement exclue.
B) Elle est remise en question.
C) Elle dépend du hasard.
D) Elle est source de problèmes.
E) Elle est fonction de l'altérité.

SYNONYMIE / PARAPHRASE AU NIVEAU DES GROUPES DE MOTS

S2. Le bon négociateur sait être persuasif, en faisant preuve de pondération.

A) Il sait prévoir la suite des événements.
B) Il relativise les choses.
C) Il recourt à la ruse plutôt qu'à la violence.
D) Il ne manque jamais d'expédients.
E) Il recherche de l'efficacité dans l'action.

SYNONYMIE / PARAPHRASE AU NIVEAU DE LA PHRASE, OU DES MEMBRES DE PHRASES

S3. Quel talent, ce vendeur d'électroménager ! Voilà un professionnel de la vente compétent et persuasif. Mais il vous abandonne vite si votre achat est différé.

A) Si vous voulez acheter un article différent que celui qu'il recommande.
B) Si vous hésitez entre plusieurs produits.
C) Si vous demandez un crédit.
D) Si vous reportez votre achat à plus tard.
E) Si vous exigez de partir immédiatement avec votre achat.

S4. A quelque chose malheur est bon.

A) Un malheur n'arrive jamais seul.
B) Aux grands maux les grands remèdes.
C) Le mieux est parfois l'ennemi du bien.
D) De deux maux, il faut choisir le moindre.
E) On ne fait pas d'omelettes sans casser des œufs.

SYNONYMIE / PARAPHRASE AU NIVEAU DU TEXTE

Cette variante de l'exercice associe la paraphrase et l'art de la variation stylistique. En voici un exemple.

S5. La petite boîte jaune des cachous Lajaunie fabriqués par Pierre Fabre (pharmacie et cosmétiques) vient de rejoindre dans la poche de Werner-Lambert les pastilles Vichy que l'acquéreur américain avait achetées en 1988.

A) Werner-Lambert, qui avait acheté les pastilles Vichy, a racheté les cachous Lajaunie, une boîte jaune fabriquée par Pierre Fabre (pharmacie et cosmétiques).
B) Après avoir avalé les pastilles Vichy en 88, le groupe américain Werner-Lambert vient d'ingurgiter les cachous Lajaunie de Pierre Fabre, à la fameuse petite boîte jaune (pharmacie et cosmétiques).
C) Les cachous Lajaunie sont passés sous pavillon américain, avec la cession par les laboratoires pharmaceutiques et cosmétiques Pierre Fabre de la célèbre petite boîte jaune des cachous Lajaunie au groupe américain Werner-Lambert déjà acquéreur des pastilles Vichy en 1988.
D) Après s'être offert les pastilles Vichy en 88, le groupe américain Werner-Lambert vient de récidiver avec la petite boîte jaune des laboratoires pharmaceutiques et cosmétiques Pierre Fabre, les célèbres cachous Lajaunie.
E) Les laboratoires pharmaceutiques et cosmétiques Pierre Favre viennent d'offrir leurs célèbres cachous Lajaunie (la petite boîte jaune) au groupe américain Werner-Lambert, qui avait déjà racheté les pastilles Vichy en 1988.

SOLUTIONS COMMENTÉES DES EXERCICES

S1. C) - Cette solution correspond à la définition même que les dictionnaires donnent de l'adjectif aléatoire.

S2. B) - Pondéré signifie calme, modéré dans ses comportements et ses prises de position. Un caractère pondéré relativise spontanément.

S3. D) - Différer un achat, c'est le reporter, le repousser, le remettre à une date ultérieure.

S4. E) - Derrière le proverbe « à quelque chose malheur est bon », il y a l'idée que les événements pénibles peuvent avoir un aspect positif, car cela peut enrichir votre expérience de la vie. Analogiquement, l'expérience de la vie peut être perçue comme une nourriture, par exemple une omelette. Mais pour la faire, il faut casser des œufs, ce qui renvoie métaphoriquement aux maux.

S5. D) - Dans la solution A, il manque la date ; les cachous sont assimilés à une simple boîte jaune. Par rapport aux autres, cette reformulation est trop courte.
Dans la formulation B, "avalé" et "ingurgité" évoquent la gloutonnerie et la souffrance, ce qui n'est pas dans le texte de départ.
La formulation C est longue, confuse, mal construite. L'idée du passé très récent n'apparaît pas nettement dans "sont passés".
D donne l'impression que les laboratoires Pierre Fabre sont à l'origine de la reprise des cachous Lajaunie par Werner-Lambert.

Correction linguistique

Les exercices peuvent porter sur le repérage des fautes d'orthographe, le respect des règles fondamentales de la grammaire, sur l'évaluation de la correction grammaticale et de la qualité stylistique de phrases ou d'extraits de texte.

ORTHOGRAPHE, FAUTES D'USAGE ET PONCTUATION

COL1. Combien de mots mal orthographiés (faute d'accord ou faute d'usage) ?
Toute en étant d'une utilisation sûre et efficace, notre fabrication n'est pas à l'abri de défauts. Pour les détails concernants votre guarantie, veuillez donc vous adressez à votre distributeur régional.

A) Aucun.
B) Deux mots.
C) Quatre mots.
D) Six mots.
E) Plus de six mots.

COL2. Quelle est la meilleure ponctuation ?

A) Pour définir le prix psychologique d'un champagne on interroge un échantillon de consommateurs en posant deux questions. "En dessous de quel prix n'achèteriez-vous plus un champagne, parce que vous estimeriez sa qualité insuffisante ? A partir de quel prix considérez-vous qu'un champagne est vendu à un prix excessif" ?
B) Pour définir le prix psychologique d'un champagne on interroge un échantillon de consommateurs, en posant deux questions : "En dessous de quel prix n'achèteriez-vous plus un champagne, parce que vous estimeriez sa qualité insuffisante ? A partir de quel prix considérez-vous qu'un champagne est vendu à un prix excessif" ?
C) Pour définir le prix psychologique d'un champagne, on interroge un échantillon de consommateurs, en posant deux questions : "En dessous de quel prix n'achèteriez-vous plus un champagne, parce que vous estimeriez sa qualité insuffisante ? A partir de quel prix considérez-vous qu'un champagne est vendu à un prix excessif" ?
D) Pour définir le prix psychologique d'un champagne on interroge un échantillon de consommateurs en posant deux questions.

"En dessous de quel prix, n'achèteriez-vous plus un champagne, parce que vous estimeriez sa qualité insuffisante ? A partir de quel prix considérez-vous qu'un champagne est vendu à un prix excessif ?"

E) Pour définir, le prix psychologique d'un champagne, on interroge un échantillon de consommateurs, en posant deux questions : "En dessous de quel prix n'achèteriez-vous plus un champagne, parce que vous estimeriez sa qualité insuffisante ? A partir de quel prix, considérez-vous qu'un champagne, est vendu à un prix excessif ?"

CORRECTION GRAMMATICALE

COL3. Les femmes cadres manifestent un avantage sur les hommes pour la gestion du temps : elles savent aller vite à l'essentiel et <u>elles savent comment pas perdre du temps.</u>

Indiquez la formulation la plus correcte et/ou la plus claire, éventuellement la plus élégante, pour exprimer le sens du passage souligné.

A) Elles savent comment pas perdre du temps.
B) Elles ne savent comment pas perdre de temps.
C) Elles ne savent pas comment perdre de temps.
D) Elles savent comment ne pas perdre du temps.
E) Elles savent comment ne pas perdre de temps.

COL4. Quelle est la formulation la plus correcte ?

A) Appuyer sur le commutateur près de la base du tube métallique pour mettre en marche votre aspirateur, et faites de même pour l'arrêter.
B) En appuyant sur le commutateur situé près de la base métallique, votre aspirateur se met en marche. Faites de même pour l'arrêter.
C) Votre aspirateur se met en marche, en appuyant sur le commutateur situé près de la base du tube métallique. Pour l'arrêter, faire de même.
D) Votre aspirateur se met en marche, en appuyant sur le commutateur situé près de la base du tube métallique. Faites pareil pour l'arrêter.
E) Pour mettre en marche votre aspirateur, appuyez sur le commutateur situé près de la base du tube métallique, et pour l'arrêter, faites de même.

COL5. Quelle est la seule phrase écrite correctement ?

A) Tout en étant amusants, voire délirants, les textes publicitaires doivent informer le public.
B) Tout en étant amusant voir délirant, les textes publicitaires doivent informer le publique.
C) Tout en n'étant amusants voire délirants, les textes publicitaires doivent informer le public.
D) Tout en étant amusant voir délirant, les textes publicitaires doivent informer le public.
E) Tout en étants amusants voire délirants, les textes publicitaires doivent informer le publique.

COL6. En rentrant chez moi, vers minuit, j'ai rencontré un homme allongé par terre, visiblement malade. Je lui ai demandé ce qu'il a besoin, mais il n'a rien répondu.
Indiquez la formulation la plus correcte et/ou la plus claire, éventuellement la plus élégante, pour exprimer le sens du passage souligné.

A) ce qu'il a besoin
B) ce dont il a besoin
C) de quoi il a besoin
D) de quoi il avait besoin
E) ce qu'il avait besoin

COL7. A la suite d'une annonce parue dans un quotidien, elle avait posé sa candidature pour un poste au Conseil de l'Europe ; à cause de son âge et de son peu d'expérience professionnelle, ... le poste de conception des textes européens sur les réglementations financières et budgétaires.
Trouvez la formulation la plus correcte.

A) elle s'est vue refusée
B) elle s'est vue refuser
C) elle s'est vu refuser
D) elle s'est vue refusé
E) elle s'est vu refusée

SOLUTIONS COMMENTÉES DES EXERCICES

COL1. C) - Voici le texte correctement orthographié :

Tout en étant d'une utilisation sûre et efficace, notre fabrication n'est pas à l'abri de défauts. Pour les détails concernant votre garantie, veuillez donc vous adresser à votre distributeur régional.

COL2. C) - Attention à la virgule, obligatoire entre "champagne" et "on". Attention également aux guillemets, qui doivent encadrer chacune des deux questions posées. Attention enfin aux virgules "aberrantes", comme après "En dessous de quel prix", ou après "A partir de quel prix".

COL3. E) - Il arrive que l'on perde du temps, mais, pour faire un bon score au TAGE MAGE, on ne doit pas perdre de temps.

COL4. E) - A l'évidence, cette phrase est extraite d'un manuel d'utilisation. On s'adresse donc en priorité à l'utilisateur, et on évite de donner l'impression que l'aspirateur se met en marche pratiquement tout seul (B) (C) ; (D). Comme dans tous les manuels d'utilisation, les verbes sont soit à l'infinitif, soit à l'impératif : le choix doit donc s'établir entre A) et E). E) est la formulation la plus équilibrée et la plus lisible. Le balancement "pour mettre en marche" ; "et pour l'arrêter", structure efficacement et harmonieusement le message à transmettre à l'utilisateur.

COL5. A) - Ne pas confondre le verbe voir et l'adverbe voire. Penser à accorder le participe passé avec le verbe être. Quant au participe présent (étant), il est bien entendu invariable...

COL6. - D) Attention à la concordance des temps !

COL7. C) - Revoyez, si nécessaire, les règles d'accord du participe passé...

Cohérence

Cette troisième partie constitutive de l'épreuve d'expression est basée sur la construction de phrases complexes : maniement des adverbes et des conjonctions, constitution de courts paragraphes, rigueur de l'organisation logique et rhétorique.

COHÉRENCE AMONT

A mesure qu'un raisonnement avance, on reprend des informations antérieures, à l'aide de mots ou de groupes de mots, qui renvoient à une information ou à une phrase apparues antérieurement dans le discours. Vous pouvez indiquer, par exemple, à l'un de vos proches que la météo est mauvaise, et ajouter ensuite : "cela dit, je ne veux pas vous empêcher pour autant de faire cette course en montagne...". De tels mots et locutions invitent le lecteur à se remémorer ce qui a été dit précédemment, de façon à comprendre correctement ce que l'on veut lui communiquer. Voici un exercice qui illustre cet aspect de l'argumentation.

ARG1. Le premier facteur d'inégalité entre les êtres humains tient à l'endroit du monde où ils naissent et grandissent. Près de la moitié des habitants de l'Afrique subsaharienne disposent de moins d'un dollar par jour pour vivre. En Amérique du Sud, la proportion de personnes vivant dans un tel état de dénuement est moitié moindre, ..., en Europe occidentale, elle est résiduelle.

A) malgré tout
B) au demeurant
C) tandis que
D) alors
E) si bien qu'

ARG2. La montée de l'insatisfaction chez les salariés, l'instabilité politique et militaire de la région et la peur d'être frappé d'embargo par la communauté internationale sont ... limitant l'entrée des capitaux.

A) autant de motifs
B) autant de prétextes
C) autant d'argumentations

D) autant de mobiles
E) autant de raisonnements

COHÉRENCE AVAL

D'autres questions vérifient la perception de la cohérence interne du discours, des relations des concepts évoqués, qui créent aussi une prévisibilité logique.

A l'inverse de ce premier mode d'établissement de la cohérence, on peut inviter le lecteur à se porter non pas vers l'amont, mais vers l'aval du discours : on peut ainsi annoncer un développement, **créer une prévisibilité**. En voici une illustration.

ARG3. Quand on parle de donner le droit aux grandes surfaces de vendre des médicaments, les pharmaciens crient que cette vente pourrait être dangereuse, voire criminelle. Personnellement, lorsque je vais m'acheter un tube de comprimés dans une pharmacie, on me le remet sans discussion ni commentaire.
Vers quelle conclusion tend ce texte ?

A) Obtenir des médicaments dans une pharmacie est facile ; il est donc inutile d'ajouter d'autres lieux de vente.
B) Le secret professionnel des pharmaciens de quartier vaut bien l'anonymat des grandes surfaces.
C) Il n'y a pas de différence entre la vente en pharmacie et dans les grandes surfaces.
D) L'avis du pharmacien est complémentaire de l'ordonnance du médecin.
E) Les clients sont assez mûrs pour se soigner seuls.
Voici une variante de cet exercice, toujours à propos de la conclusion vers laquelle tend une argumentation.

ARG4. Il faut une ville pour ceux qui y vivent, pour ceux qui y travaillent. La circulation des voitures en ville affecte la qualité de la vie, la qualité de la ville. Il faut prendre des mesures qui restreignent la densité de la circulation urbaine.
Quelle mesure parmi les suivantes renforce le moins la conclusion de ce passage ?

A) Créer des parcs de stationnement gratuits à la périphérie de la ville.
B) Multiplier les aires de stationnement payant en ville.
C) Augmenter le nombre des voies réservées aux piétons.
D) Réduire la vitesse en ville à 20 ou 30 kilomètres / heure.
E) Développer des transports en commun confortables et peu coûteux.

ARTICULATIONS LOGIQUES
D'autres questions vérifient également la perception de la cohérence interne du discours, des relations des concepts et/ou arguments évoqués, qui créent aussi une prévisibilité logique.

ARG5. … la coexistence de plusieurs cultures dans un même pays, le multiculturalisme a d'abord été pensé dans le cadre de la philosophie politique et juridique nord-américaine.
Complétez en respectant la cohérence de la phrase.

A) En tant que
B) De fait,
C) Notamment
D) L'idée selon laquelle
E) Défini comme

ARG6. … de l'importance de ses vestiges architecturaux et bien que civilisation de l'écrit, l'Egypte pharaonique a paradoxalement laissé peu d'informations sur la vie quotidienne et le mode de pensée des habitants de la vallée du Nil ou, … les sources sur ce sujet sont disparates et souvent susceptibles de relever d'un discours officiel qui réinterprète les données du réel.
Complétez en respectant la cohérence de la phrase.

A) Du fait / notamment
B) Au sujet / naturellement
C) Au détriment / Une fois n'est pas coutume
D) En dépit / du moins
E) De fait / ce faisant

SOLUTIONS COMMENTÉES DES EXERCICES

ARG1. C) - L'idée induite par la première partie du texte est celle de la simultanéité, mais aussi de la différenciation entre activité intellectuelle et activité physique. La juste perception de la locution "tout en effectuant" et la différenciation nette entre les deux types d'activité orientent le choix vers la solution (C).

ARG2. A) - Chacun des aspects distinctifs de cette énumération de freins à l'entrée des capitaux ne peut pas en lui-même être assimilé à un raisonnement ou à une argumentation. Un mobile est un motif qui conduit une personne à commettre une infraction. Quant au prétexte, c'est une raison apparente que l'on met en avant pour cacher le véritable motif d'une manière d'agir. Rien dans le texte ne justifie une telle interprétation.

ARG3. C) - L'auteur de cette phrase ne soutient visiblement pas la cause des pharmaciens :
- L'emploi du verbe crier, plutôt que protester est un premier indicateur ;
- L'expression « sans discussion ni commentaire » ne laisse plus guère de doute sur la position de l'auteur.

La conclusion (C) est donc aisément anticipable. Les autres propositions sont certes imaginables, dans le cadre d'une discussion sur la vente de certains médicaments en grandes surfaces. Cependant, cela n'a pas été le choix de l'auteur des quelques lignes introductrices de ARG.3

ARG4. B) - Les propositions A, C, D, E vont significativement dans le sens d'une réduction de la circulation automobile en ville. Seule la solution B est à double tranchant : en effet, le stationnement payant augmente tendanciellement la possibilité de trouver des places de stationnement disponibles. C'est donc bien la mesure qui renforce le moins la conclusion de ce passage. Cela ne veut pas dire qu'elle ne le renforce pas du tout !

ARG5. E) - Les contraintes de cohérence sémantique et grammaticale ne permettent pas d'autre choix.

ARG6. D) - Les contraintes de cohérence sémantique et grammaticale ne permettent pas d'autre choix.

Sous-test 6

Logique

Présentation du sous-test

Le sous-test de logique est le deuxième du domaine "Raisonnement Logique". Comme le sous-test "Raisonnement / Argumentation", premier sous-test du domaine, il évalue des capacités de raisonnement inférentiel sur des séries d'informations : informations spatiale, numérique et alphabétique.
Il ne nécessite pas de connaissances approfondies ni de mathématique ni de logique. Plus concrètement, chaque question est constituée d'une liste de données possédant entre elles une ou plusieurs caractéristiques communes ou possédant un lien logique entre elles comme "lettres qui se suivent dans l'alphabet" ou "les chiffres se suivent de 2 en 2".

Consignes

Chaque question est constituée d'une liste de données possédant entre elles un lien logique. Le raisonnement consiste à inférer la règle de ce lien logique. A partir de là, il s'agit pour le candidat, de déterminer parmi les cinq réponses qui lui sont proposées, celle qui respecte le lien logique qu'il a pu inférer. Les données sont de nature spatiale ou constituées de lettres et de chiffres.

Statistiques

D'un point de vue statistique, il provoque entre 50% et 60% de bonnes réponses, entre 10% et 20% de mauvaises réponses et entre 25% et 35% de non-réponse. Il s'agit d'un sous-test assez facile. Comme pour les autres sous-tests, nous allons expliciter les solutions de trois exemples de difficulté variable.

Exemple 1

ÉNONCÉ

		OUI		
		NHK		
ZDT	UEA	?	RGW	SHC
		LXO		
		KYQ		

Réponses proposées :
A) VFB B) MHO C) MFM D) ZIK E) MLM

SOLUTION

Dans cette question, il s'agit de déterminer la logique des deux séries de lettres horizontales et verticales afin de sélectionner parmi les cinq réponses proposées celle qui respecte la logique des deux séries. Le triplet recherché est représenté par un point d'interrogation. Ce type de question provoque des taux de bonnes réponses compris entre 50% et 60%, entre 10% et 15% de mauvaises réponses et entre 30% et 35% de non-réponse. Il s'agit d'une question de niveau de difficulté faible, compte tenu du faible taux de mauvaises réponses qu'elle provoque.

La difficulté de ce type d'épreuve est de déterminer le plus rapidement possible si le lien logique est à rechercher entre les triplets ou à l'intérieur du triplet. Dans cet exemple, le lien logique est à rechercher entre les lettres des triplets et pas à l'intérieur des triplets. La série verticale est constituée des triplets de lettres suivants : OUI, NHK, ?, LXO et KYQ. Les premières lettres de chaque triplet se suivent selon l'ordre inverse dans l'alphabet soit O, N, ?, L et K. La première lettre du triplet recherché est donc M. Les troisièmes lettres de chaque triplet se suivent dans l'ordre de l'alphabet en sautant une lettre à chaque fois, soit I, K, ?, O et Q.

La troisième lettre du triplet recherché est donc M. La deuxième lettre du triplet est donnée par la recherche de la logique de la série horizontale de triplets.
La série horizontale est constituée des triplets suivants : ZDT, UEA, ?, RGW et SHC. Les deuxièmes lettres des triplets se suivent dans l'ordre de l'alphabet soit D, E, ?, G et H.
La deuxième lettre du triplet recherchée est donc F.
En conclusion, le triplet recherché est "MFM". La bonne réponse est C.

Exemple 2

ÉNONCÉ

		1456		
		1144		
6134	7007	?	3214	8255
		1768		
		1976		

Réponses proposées :
A) 4512 B) 1560 C) 5482 D) 1260 E) 1664

SOLUTION

Dans cette question il s'agit aussi de déterminer la logique de deux séries, horizontale et verticale, mais de nombres cette fois-ci, afin de sélectionner parmi les cinq réponses proposées celle qui respecte la logique des deux séries. Le triplet recherché est représenté par un point d'interrogation.

A la différence de l'exemple précédent, le lien logique est à rechercher à l'intérieur des membres de la série. La série verticale est constituée des nombres suivants : 1456, 1144, ?, 1768 et 1976. Si l'on prend chaque nombre, il apparaît que 56 = 14 x 4, que 44 = 11 x 4, que 68 = 17 x 4 et que 76 = 19 x 4. En conséquence, on cherche une suite de chiffres tels que les deux derniers constituent un nombre qui est le quadruple du nombre constitué par la suite des deux premiers chiffres. Parmi les réponses proposées, la B et la E remplissent cette condition. C'est l'analyse de la série horizontale qui va nous permettre de choisir entre les deux réponses possibles.

La série horizontale est constituée des nombres suivants : 6134, 7007, ?, 3214 et 8255. Si l'on prend chaque nombre, il apparaît que dans 6134, 6 + 1 = 3+4, que pour 7007, 7 + 0 = 0 + 7, que pour 3214, 3 + 2 = 1 + 4 et pour 8255, 8 + 2 = 5 + 5. En conséquence, on cherche une suite de chiffres telle que l'addition des deux premiers chiffres est égale à l'addition des deux derniers chiffres.

Parmi les deux réponses possibles selon la logique de la série verticale, à savoir B et E, seule la B respecte la logique de la série horizontale. La réponse B est 1560. On constate que 60 = 15 x 4 et que 5 + 1 = 6 + 0. La bonne réponse est la réponse B.

Exemple 3

ÉNONCÉ

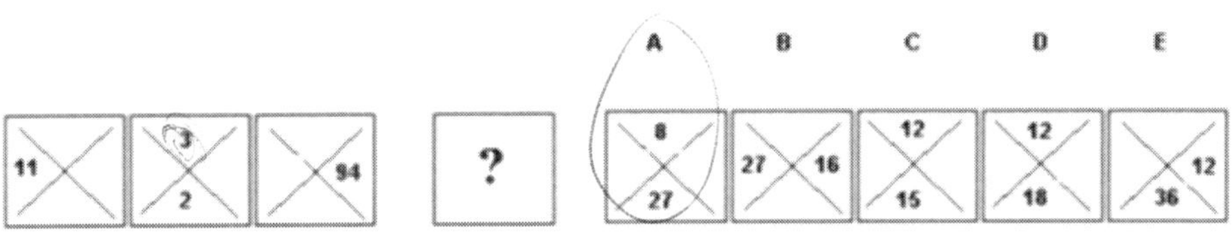

SOLUTION

Ce type de question est constitué d'une série de carrés contenant des formes géométriques, des chiffres ou des lettres. Les trois premiers à gauche doivent permettre au candidat de trouver le lien logique (entre les carrés ou à l'intérieur du carré comme dans les deux exemples précédents) afin de déterminer parmi les cinq carrés-réponses proposés à droite, celui qui pourrait occuper la place du carré contenant un point d'interrogation.

Dans cet exemple, les carrés contiennent des croix et des chiffres. Les croix sont identiques dans tous les carrés, mais les chiffres sont différents et n'occupent pas toujours les mêmes cadrans. Le premier carré contient le nombre 11 et le deuxième les chiffres 3 et 2. Le troisième carré contient le nombre 94. On peut établir les deux séries de chiffres suivants : 1, 2 et 4 et 1, 3 et 9. La première série correspond au 1 de 11 puis le 2 est son double et le 4 le double de 2. La deuxième correspond au deuxième 1 de 11, puis le 3 est son triple et le 9 le triple de 3. En conséquence, la première série est constituée de chiffres tels que chacun est le double du précédent et la deuxième de chiffres tels que chacun est le triple du précédent. Par ailleurs, la série des doubles tourne dans le sens inverse des aiguilles d'une montre et la série des triples dans le sens des aiguilles d'une montre. Enfin, le 94 nous informe que la série des doubles tourne "à l'extérieur" et la série des triples "à l'intérieur".

En conclusion, la bonne réponse est le chiffre 8, double de 4, et le nombre 27, triple de 9. Le 8 doit occuper le cadran supérieur déterminé par la croix et le 27, le cadran inférieur. Parmi les cinq carrés-réponses proposés, seul le carré A remplit toutes les conditions. La bonne réponse est donc la réponse A.

PRÉREQUIS À CONNAÎTRE

Dans cette dernière partie, vous disposez de deux exemplaires complets du TAGE MAGE afin que vous puissiez vous entraîner. Certes, il n'est pas possible de se mettre chez soi dans des conditions identiques à celles de la passation. Mais on peut toutefois s'en approcher, même si les conditions seront toutefois moins stressantes. Nous allons vous donner quelques conseils à cet égard.

Tout d'abord, avec l'exemplaire complet du TAGE MAGE, vous trouverez une grille de réponses. Elle est destinée à un traitement optique automatique, d'où sa configuration particulière. Imprégnez-vous de cette grille afin d'éviter de perdre du temps lors de la passation en condition réelle.

Nous insistons sur ce fait : il y a beaucoup de raisons de rater la passation d'un test. Les maîtres mots de la réussite sont le calme et l'absence de précipitation, être méthodique et s'appliquer une discipline stricte dans la gestion du temps. Passez donc les sous-tests dans les conditions de temps prévu, soit strictement 20 minutes pour chacun des sous tests.

N'oubliez pas que le point le plus important n'est pas de savoir si vous pouvez trouver la solution à toutes les questions, mais à combien de questions vous pouvez répondre juste dans le temps imparti.

Il ne sert à rien de réapprendre toutes ses notions mathématiques si l'on ne s'entraîne pas aussi à être le plus rapide possible.

Au bout des 20 minutes, arrêtez-vous et passez au sous-test suivant. Quand vous avez terminé, comptabilisez vos bonnes et vos mauvaises réponses et calculez votre score global et par sous-test. Reposez-vous et réitérez la passation dans les mêmes conditions. Recommencez la passation tant que vous parvenez à améliorer vos scores.

Vous allez constater qu'après un certain nombre de passations vos scores auront tendance à stagner. Répertoriez alors les questions auxquelles vous n'êtes jamais parvenu à répondre et travaillez-les. Vous pourrez alors cerner les points qui vous posent problème.

Mais n'oubliez pas que le TAGE MAGE est un test d'aptitudes ou de compétences et non un test de connaissances. En conséquence, **on ne se prépare pas au TAGE MAGE comme l'on se prépare au Baccalauréat ou à un examen universitaire**. Il n'y a pas de programmes. Aussi, la meilleure stratégie à adopter est-elle de s'imposer régulièrement de petits exercices de mathématique, de logique ou encore d'expression puisés dans des ouvrages variés, y compris scolaires, afin d'entretenir une certaine gymnastique de votre cerveau qui vous permettra de maximiser vos chances de réussite lors de votre passation au TAGE MAGE.

VOUS AVEZ À VOTRE DISPOSITION, DANS CES ANNALES, TROIS TESTS TAGE MAGE !

Sous-test n°1 : Compréhension d'un texte écrit
Lecture de deux textes suivie par une série de questions sur les deux textes.
15 questions - 20 minutes

Sous-test n°2 : Calcul
Cette épreuve évalue la maîtrise de connaissances simples dans les domaines de l'arithmétique, de la géométrie, de l'algèbre et du calcul.
15 questions - 20 minutes

Sous-test n°3 : Raisonnement
Epreuve de raisonnement logique qui ne nécessite pas de connaissance approfondie des principes fondamentaux de la logique formelle.
15 questions - 20 minutes

Sous-test n°4 : Conditions minimales
Cette épreuve vise à contrôler la capacité d'analyse de la pertinence des informations en vue de la résolution d'un problème.
15 questions - 20 minutes

Sous-test n°5 : Expression
Epreuve destinée à tester l'aptitude à comprendre une information formulée dans un court message verbal puis à en trouver rapidement soit une reformulation conservant le sens initial, soit une reformulation meilleure par la correction et la précision, soit la suite probable dans le développement d'un message cohérent.
15 questions - 20 minutes

Sous-test n°6 : Logique
Epreuve relative à des croisements de séries de chiffres, de lettres ou de graphiques.
15 questions - 20 minutes

Le temps total de passation sera donc de 6 x 20 minutes, soit 2 heures.

TEST TAGE MAGE N°1

Sous-test 1

Compréhension d'un texte écrit

Durée : 20 minutes
15 questions

Consignes

Cette épreuve comporte plusieurs textes. Chacun de ces textes est suivi d'une série de questions. Chaque question vous présente **cinq** propositions qui peuvent porter sur différents niveaux de lecture :

- Informations "isolées" contenues dans le texte ;
- Idées principales, traitées dans un ou plusieurs paragraphes ;
- Position de l'auteur telle qu'elle se reflète dans le texte, etc.

Parmi les cinq propositions présentées dans le cadre de chaque question, certaines sont en contradiction flagrante avec le texte ; d'autres abordent des aspects qui n'y sont pas traités ; d'autres encore se rapprochent **plus ou moins** de ce qui est exprimé - directement ou indirectement - dans ce même texte.

La seule proposition considérée comme exacte est celle **qui se rapproche le plus** de ce qui est écrit dans le texte. Les quatre autres propositions sont considérées comme fausses.

TOP DÉPART ! A partir de maintenant, vous avez 20 minutes pour effectuer ce sous-test.

Texte 1

Interview du directeur d'une société de conseil en matière de risques

"

- D'une entreprise à l'autre, la sous-traitance développe des chaînes de production très étendues. Jusqu'où peut-on contrôler la qualité des produits ?
- Avec la globalisation, ce contrôle est devenu de plus en plus complexe. Une carte avait été établie, il y a une dizaine d'années, pour représenter le circuit des différents ingrédients qui composent un produit fini : pour un yaourt par exemple, des centaines de mouvements étaient nécessaires. La plupart des entreprises n'ont aujourd'hui pas la moindre idée de cette complexité. Elles fonctionnent à l'aveugle, avec quelques fournisseurs qui ont eux-mêmes des sous-traitants.

- Quels sont les moyens de contrôle utilisés par les entreprises ?
- Au cours des quinze dernières années, des instruments et des techniques de traçabilité ont été développés. Les grandes entreprises ont envoyé sur les lieux de production des experts locaux pour enquêter sur l'origine des produits et surveiller les processus de fabrication. Les groupes, les grandes marques surtout, se sont entourés de sociétés d'audit social, éthique et environnemental. Mais il est très onéreux d'avoir des équipes de professionnels dans tous les pays où se situent les unités de production.

- Des experts locaux parlent de l'Afrique, grand fournisseur de la Chine, comme d'un angle mort de la chaîne des fournisseurs...
- Oui. L'attention est insuffisamment portée sur les entreprises africaines, indiennes ou brésiliennes. Le même processus doit s'appliquer à ces sociétés, car les entrepreneurs font rarement de leur propre chef ce qu'ils sont en devoir de faire. Ils ont besoin de la pression des gouvernements, des marchés financiers et des médias. L'industrialisation de qualité est un processus de long terme. Souvenons-nous du Japon. Il y a quarante ans, le « made in Japan » avait très mauvaise réputation ; il était associé au bas de gamme ; aujourd'hui, il désigne des produits de grande qualité.
"

QUESTION 1. Les moyens de contrôle de la qualité utilisés à l'heure actuelle : lequel ne correspond pas à ce qu'a dit la personne interviewée ?
Pour ces contrôles, on peut ...

A) reconstituer l'itinéraire des produits, depuis leur production jusqu'à leur diffusion.
B) établir des diagnostics sociaux et éthiques.
C) utiliser des instruments de traçabilité.
D) envoyer des experts anglo-saxons sur tous les lieux de production à l'étranger.
E) effectuer des audits environnementaux.

QUESTION 2. Pourquoi est-il nécessaire de mieux contrôler les nouvelles entreprises en Afrique, en Asie et en Amérique du Sud?

1) Ces entreprises sous-traitantes ne s'estiment pas responsables de la qualité des produits finis.
2) Pour améliorer la qualité de leur production, ces entreprises ont besoin de pressions extérieures.
3) Les patrons de ces entreprises ignorent beaucoup des règles en vigueur au niveau international.

A) Uniquement 2
B) 1 + 2 + 3
C) 1 + 2
D) Uniquement 1
E) Ni 1, ni 2, ni 3

QUESTION 3. Contrôle de la qualité des produits : comment la grande majorité des entreprises fonctionnent-elles dans ce domaine ?

A) Elles externalisent ce contrôle en ayant recours systématiquement à des sociétés de conseil.
B) Elles exigent de leurs fournisseurs attitrés qu'ils limitent le nombre de leurs sous-traitants.
C) Elles sont en train d'élaborer des procédures de contrôle raisonnées et détaillées.
D) Elles ignorent à quel point ce problème est complexe.
E) Elles limitent de façon drastique le nombre de leurs fournisseurs.

QUESTION 4. Quel est, selon l'interviewé, le meilleur moyen d'améliorer notablement la qualité des produits industrialisés au niveau mondial ? Il suggère de ...

A) Sensibiliser l'ensemble des protagonistes aux problèmes sociaux et environnementaux.
B) S'inscrire dans une démarche patiente et de longue durée.
C) Former beaucoup plus d'experts locaux.
D) Créer une agence internationale pour contrôler la qualité des produits industriels.
E) Élaborer des chartes de qualité et des procédures de contrôle draconiennes.

QUESTION 5. Pourquoi est-il si difficile pour les grands groupes industriels d'employer systématiquement des experts locaux partout où ils ont des sites de production ?

A) Parce qu'il y a une pénurie endémique d'experts locaux dans de nombreux pays.
B) Du fait de l'absence de formations adéquates pour ce type d'expertise dans de nombreux pays.
C) Parce qu'il est illusoire de croire à l'impartialité des experts dans ce domaine.
D) En raison de la charge financière engendrée par une telle systématisation.
E) Parce qu'il est très difficile, voire impossible, de coordonner un si grand nombre d'experts.

Texte 2

Au prochain sommet du G8, du 8 au 10 juillet 2009 en Italie, la sécurité alimentaire sera une nouvelle fois au menu. Mais le sujet sera-t-il enfin pris au sérieux ? "De sommet en sommet, on assiste à de grandes déclarations sur la faim, et on lance des promesses de don. Mais il n'y a ni suivi, ni sanctions.", déplore Olivier de Schutter, rapporteur spécial des Nations Unies pour le droit à l'alimentation. Il y a un an, une "conférence de haut niveau sur la sécurité alimentaire mondiale" s'était tenue au siège de l'Organisation des Nations Unies pour l'Alimentation et l'Agriculture (FAO) à Rome, réunissant 42 chefs d'État et de gouvernement. 22 milliards d'aide avaient été promis. La déclaration finale jugeait "urgent" d'aider les pays en développement et en transition à investir davantage et à développer leur production agricole et alimentaire. Mais seulement 2,5 milliards de dollars ont effectivement été versés aujourd'hui. Une partie des promesses étaient certes échelonnées sur cinq ans, d'autres sans précisions. Mais beaucoup d'engagements sont restés en suspens, la crise financière prenant le dessus. Il aurait pourtant suffi de moins d'un centième des sommes consacrées aux plans de relance et de sauvetage bancaire...

"Ce qui est important aujourd'hui, c'est de réaliser que le temps des paroles est désormais révolu", vient de déclarer le directeur général de la FAO. Ces mots sont le signe que très peu de décisions concrètes ont été prises pour relancer l'agriculture des pays pauvres ou mieux réguler les marchés. Les prix agricoles se sont repliés à la suite de bonnes récoltes et les "émeutes de la faim" se sont éloignées. Mais la crise économique frappe encore plus durement. Le chiffre de 1 milliard de personnes souffrant de la faim devrait être dépassé cette année, selon la FAO.

QUESTION 6. Quels reproches l'auteur du texte adresse-t-il aux sommets internationaux débattant de la sécurité alimentaire ?

A) Ils sont trop nombreux et ils adoptent des mesures inefficaces.
B) Ils travaillent trop lentement et rechignent à voter les mesures qui s'imposent.
C) Ils négligent la crise alimentaire et ne s'occupent que de la crise financière.
D) Ils sont déconnectés de la réalité et passent ainsi à côté des problèmes humains.
E) Ils se cantonnent dans des déclarations de principe et tardent à respecter leurs engagements.

QUESTION 7. Quel est, selon l'interviewé, le principal facteur aggravant de la crise alimentaire en 2009 ?

A) Le niveau des prix des produits agricoles.
B) Les émeutes de la faim.
C) La crise économique et financière.
D) L'attentisme des organisations internationales.
E) Le manque de suivi des décisions prises lors des sommets.

QUESTION 8. Choisissez le meilleur titre pour ce texte.

A) Baisse des prix agricoles : les famines ne sont pas éradiquées pour autant.
B) La coupable hypocrisie des pays riches face aux famines dans le monde.
C) La FAO mène une lutte sans merci contre la crise alimentaire.
D) Crise alimentaire : la communauté internationale s'enferme dans l'attentisme.
E) Comment empêcher le retour des émeutes de la faim ?

QUESTION 9. Quelles décisions ont été prises lors de la conférence sur la sécurité alimentaire en 2008 ?

1) Fournir une aide à l'investissement.
2) Soutenir l'intensification de la production agricole.
3) Combattre la spéculation sur les produits agricoles.

A) 2 + 3
B) Ni 1, ni 2, ni 3
C) 1 + 2
D) Uniquement 1
E) 1 + 2 + 3

QUESTION 10. Quelle est la tonalité générale de ce texte ?

A) Partisane et accusatrice.
B) Critique et désabusée.
C) Triste et résignée.
D) Neutre et sereine.
E) Accusatrice et pessimiste.

Texte 3

Une pénétrante exposition vient de s'achever en octobre 2009 au Laboratoire, nouveau lieu de la scène artistique parisienne. Elle était consacrée aux altérations de la perception dues, selon l'artiste indienne invitée, Shelpa Gupta, "aux forces inconscientes, individuelles et collectives, qui entretiennent les préjugés". Cette exposition montrait à sa manière, poétique et convaincante, comment les préjugés restent profondément enracinés et s'alimentent d'éléments ignorés, y compris de nous-mêmes.

Couleur de peau, sexe, âge, poids, classe sociale, orientation sexuelle... Quelle est la part de nos possibles préjugés dans le choix de nos actions ? À partir de quelle évaluation inconsciente de soi et des autres allons-nous développer des jugements et des attitudes en mode implicite ? Si ces stéréotypes, clichés et préjugés simplifient la réalité, ils la déforment aussi souvent gravement, aux dépens de tel ou tel groupe d'individus. Le caractère inconscient - ou semi-conscient - de ces stéréotypes explique bien sûr que personne n'en soit à l'abri, tel ce consultant en ressources humaines qui, lors d'un déjeuner avec des collègues, faisait remarquer comme une évidence que, "Tout de même, un directeur financier noir, ça ne passera jamais !".

Les répercussions sociales de ces stéréotypes concernent évidemment beaucoup les entreprises. Une enquête menée pour le compte du Mouvement pour le Racisme et pour l'Amitié entre les Peuples (MRAP) auprès d'un échantillon de jeunes de 15 à 25 ans a ainsi montré que le milieu du travail est perçu par eux comme celui où les discriminations sont les plus fréquentes. Si ce résultat peut lui-même être interprété comme un a priori alarmant de leur part, il souligne, avec d'autres études récentes, la nécessité de renforcer les actions menées par les entreprises. Des démarches très concrètes sont déjà mobilisables, tels l'audit des outils et procédures de l'entreprise en matière de recrutement et de carrière, et, peut-être demain, l'obligation d'une évaluation de la diversité effective du personnel.

QUESTION 11. En quoi la remarque du consultant en ressources humaines montre-t-elle qu'il n'échappe pas aux stéréotypes ? En fait, ...

A) il méconnaît la fonction de directeur financier.
B) il a une perception complètement fausse de l'entreprise où il se trouve.
C) il présente une opinion comme une vérité reconnue de tous.
D) il n'aime visiblement pas les noirs.
E) il manque à son devoir de réserve en tant que consultant.

QUESTION 12. Comment définir les stéréotypes, clichés ou préjugés ?

1) Ils opèrent exclusivement de façon inconsciente.
2) Ils altèrent la qualité de la perception.
3) Ils conduisent à des jugements parfois injustes.

A) 2 + 3
B) Uniquement 2
C) 1 + 2
D) 1 + 2 + 3
E) 1 + 3

QUESTION 13. Pour qui les résultats de l'enquête menée pour le compte du MRAP peuvent être considérés comme alarmants ?

A) Pour les entreprises et en particulier pour les grands groupes.
B) Pour les organisations professionnelles et pour l'Education Nationale.
C) Pour les entreprises et peut-être pour les jeunes de 15 à 25 ans.
D) Pour tout citoyen responsable, dans tout système démocratique.
E) Pour les entreprises, pour les jeunes et pour le monde politique.

QUESTION 14. Choisissez le meilleur résumé pour rendre compte de ce texte.

A) Une exposition sur les préjugés et les stéréotypes vient de se terminer à Paris. Elle a montré que ces phénomènes manipulent la perception et font des ravages au niveau individuel et social, car ils exacerbent les différences et finissent par dresser les gens les uns contre les autres, particulièrement en entreprise, par exemple sur une simple différence de couleur de peau.
B) L'exposition d'une artiste indienne vient de se terminer à Paris. Elle montrait de façon convaincante à quel point les stéréotypes influencent, de façon souvent

inconsciente, notre perception au niveau individuel et collectif. Face à ce phénomène aux conséquences préoccupantes, les entreprises doivent se mobiliser et mettre en œuvre des mesures appropriées.
C) Une artiste indienne vient de signer une exposition dans un haut lieu de la scène artistique parisienne. Les stéréotypes y sont mis en scène de façon poétique et convaincante, comme des forces individuelles et collectives faussant complètement notre regard, en particulier en entreprise, et tout spécialement en fonction de la couleur de la peau.
D) Une superbe exposition sur les stéréotypes a eu lieu à Paris. Ces mécanismes mentaux nous amènent à développer des jugements et des comportements discriminatoires vis-à-vis d'autrui. Les entreprises sont directement concernées, par exemple lorsque l'on voit refuser un noir comme directeur financier, alors qu'il est parfaitement qualifié.
E) Quelle belle et poétique exposition, organisée à Paris par l'Indienne Shipa Gupta. Le visiteur s'y trouvait confronté aux stéréotypes, ces formes obscures et dangereuses qui nous masquent la richesse humaine en nous faisant craindre la diversité. En entreprise, la vigilance doit être de mise, en changeant éventuellement les méthodes de gestion.

QUESTION 15. Existe-t-il des préjugés particulièrement implacables ? Ils concerneraient avant tout...

1) le sexe.
2) l'âge.
3) le poids.

A) 2 + 3
B) Uniquement 3
C) 1 + 2 + 3
D) Uniquement 2
E) ni 1, ni 2, ni 3

FIN DU SOUS-TEST 1 ! Si les 20 minutes sont écoulées, pas de marche arrière possible.

Sous-test 2

Calcul

Durée : 20 minutes
15 questions

Consignes

Cette épreuve est constituée de 15 questions pour lesquelles vous disposez de 20 minutes.

TOP DÉPART ! A partir de maintenant, vous avez 20 minutes pour effectuer ce sous-test.

0,25
0,25
0,25

QUESTION 16. Quelle est la valeur du tiers de 0,75 ?

A) 0,5
B) 1/4
C) 1/3
D) 0,30
E) 1,25

QUESTION 17. Quel est le nombre suivant à cette suite représenté par un point d'interrogation ?

1 2 5 14 41 ?

A) 119
B) 120
C) 121
D) 122
E) 123

QUESTION 18. x vaut 125% de y. Combien vaut y en pourcentage de x ?

A) 80%
B) 75%
C) 70%
D) 65%
E) 60%

QUESTION 19. Deux bouteilles contiennent de la vinaigrette qui est uniquement constituée d'huile et de vinaigre. La première a une contenance d'1 litre et sa vinaigrette est constituée de 20% de vinaigre. La deuxième a une contenance d'1,5 litre et sa vinaigrette est constituée de 75% d'huile. On mélange le contenu des deux bouteilles. Quel est le pourcentage de vinaigre contenu dans la nouvelle vinaigrette ?

A) 18%
B) 20%
C) 23%
D) 25%
E) 28%

QUESTION 20. a3 et a7 sont deux nombres à deux chiffres dont le chiffre des dizaines est a. Leur multiplication vaut 6a1. Quelle est la valeur de a ?

A) 9
B) 7
C) 4
D) 3
E) 2

QUESTION 21. Le carré ABCD, inscrit dans le cercle C, a une surface égale à 100 cm². Quelle est la valeur de la circonférence du cercle C (rappel : a1/2 est équivalent à racine carrée de a) ?

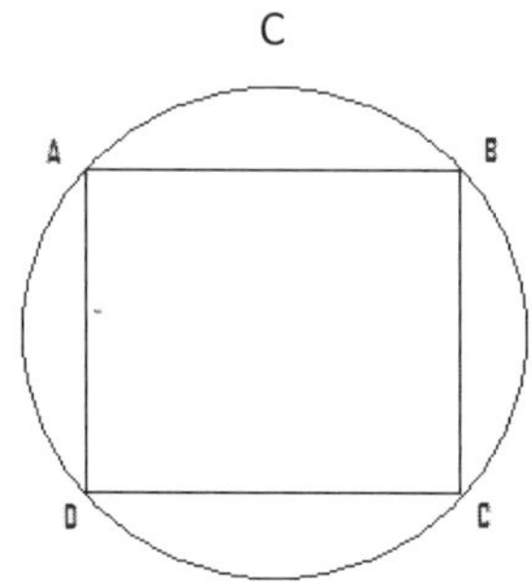

A) 10 21/2 Π cm
B) 125 cm
C) 25 Π cm
D) Π² cm
E) 36 cm

QUESTION 22. En base 3, 0 s'écrit 0, 1 s'écrit 1, 2 s'écrit 2, 3 s'écrit 10 et 5 s'écrit 12. Comment s'écrit 8 en base 3 ?

A) 20
B) 21
C) 22
D) 210
E) 201

QUESTION 23. Sophie a obtenu le treizième meilleur résultat au dernier examen de mathématiques, ce qui correspond au septième plus mauvais résultat de sa classe. Combien y a-t-il d'élèves dans la classe de Sophie sachant qu'il n'y a pas eu d'ex aequo à cet examen ?

A) 15
B) 16
C) 17
D) 18
E) 19

SOUS-TEST 4		SOUS-TEST 5		SOUS-TEST 6	
Questions	Réponses	Questions	Réponses	Questions	Réponses
46	C	61	A	76	E
47	E	62	E	77	B
48	D	63	A	78	D
49	A	64	D	79	A
50	B	65	A	80	C
51	E	66	D	81	C
52	B	67	D	82	A
53	D	68	D	83	E
54	C	69	D	84	B
55	A	70	C	85	D
56	B	71	B	86	E
57	C	72	B	87	A
58	A	73	B	88	B
59	A	74	B	89	C
60	D	75	D	90	D

TEST TAGE MAGE N°2

Sous-test 1

Compréhension d'un texte écrit

Durée : 20 minutes
15 questions

Consignes

Cette épreuve comporte plusieurs textes. Chacun de ces textes est suivi d'une série de questions. Chaque question vous présente **cinq** propositions qui peuvent porter sur différents niveaux de lecture :

- Informations "isolées" contenues dans le texte ;
- Idées principales, traitées dans un ou plusieurs paragraphes ;
- Position de l'auteur telle qu'elle se reflète dans le texte, etc.

Parmi les cinq propositions présentées dans le cadre de chaque question, certaines sont en contradiction flagrante avec le texte ; d'autres abordent des aspects qui n'y sont pas traités ; d'autres encore se rapprochent **plus ou moins** de ce qui est exprimé - directement ou indirectement - dans ce même texte.

La seule proposition considérée comme exacte est celle **qui se rapproche le plus** de ce qui est écrit dans le texte. Les quatre autres propositions sont considérées comme fausses.

TOP DÉPART ! A partir de maintenant, vous avez 20 minutes pour effectuer ce sous-test.

Texte 1

Interview d'un enseignant chercheur en management (juin 2009)

"

- **La crise n'est pas seulement celle de l'économie, mais aussi, selon vous, celle du comportement des managers, et donc de la façon dont on les a formés. Pourquoi ?**
- Il nous faut comprendre pourquoi, notamment dans le secteur financier, managers et dirigeants d'entreprise ont été pris dans un processus d'aveuglement collectif qui a consisté à rejeter la majorité des signaux d'alerte, à railler ceux qui pensaient autrement, à écarter les porteurs de mauvaises nouvelles.

- **En quoi les formations au management seraient-elles en partie responsables de cela ?**
- Les écoles de management sont, elles aussi, des organisations, et souffrent des mêmes symptômes que les entreprises. On y valorise surtout l'acquisition des outils du management (comptabilité, finance, marketing, communication, gestion des ressources humaines), ciblant des techniques spécialisées, le "comment" (faire plus vite, mieux, moins cher), au détriment d'une façon de penser plus largement les problèmes : le "pourquoi ?", qui permet aux étudiants de poser des questions inédites, provocantes et ainsi stimuler leur esprit critique. Les sciences humaines, entre autres, permettent ce questionnement essentiel, mais elles sont peu représentées dans les écoles.

- **Comment s'explique ce processus ?**
- Prenons un aspect parmi beaucoup d'autres, à titre d'exemple. Les "études de cas" sont un des fondements de l'enseignement du management ; elles permettent d'être "au plus près du terrain", en étant élaborées directement à partir de situations observées en entreprise, et publiées si possible avec leur accord. Mais les situations décrites et proposées aux étudiants sont souvent lissées et consensuelles, car rares sont les entreprises qui permettent à des chercheurs d'enquêter sans entraves sur une crise, une erreur de management ou un scandale, puis de publier ensuite leurs résultats sous forme d'études de cas. C'est pourquoi ces cas d'entreprise sont souvent standardisés, au risque des stéréotypes et des solutions toutes faites.

"

QUESTION 1. Les études de cas : parmi les cinq affirmations ci-dessous, trouvez celle qui n'a pas été énoncée par l'interviewé.
Les études de cas...

A) ne sont pas suffisamment fidèles à la réalité de la vie en entreprise.
B) sont un support privilégié dans l'enseignement du management.
C) sont maintes fois standardisées et stéréotypées.
D) devraient être revisitées et réaménagées.
E) ne reflètent pas suffisamment les aspects conflictuels dans les entreprises.

QUESTION 2. Comment l'enseignant-chercheur juge-t-il la formation dans les écoles de management ?
Cette formation...

1) tend à être hyperspécialisée.
2) est cloisonnée en sous-disciplines techniques.
3) pratique insuffisamment l'approche globale et l'analyse critique.

A) 2 + 3
B) 1 + 3
C) Uniquement 3
D) 1 + 2 + 3
E) 1 + 2

QUESTION 3. Parmi les cinq reproches adressés aux cadres et aux dirigeants du monde de la finance, et figurant ci-dessous, lequel n'est pas formulé dans l'interview ?
Les cadres et les dirigeants...

A) ont manqué de la plus élémentaire vigilance.
B) se déclarent en faveur de l'innovation, mais pratiquent en fait le conformisme.
C) n'écoutent que les personnes porteuses de bonnes nouvelles
D) ont tendance à se fondre dans la pensée dominante.
E) refusent parfois de regarder la réalité en face.

QUESTION 4. Quel est le point commun entre les écoles de management et les entreprises ?
Ces deux types d'organisation...

A) privilégient la formation et l'emploi de spécialistes peu formés à l'approche critique.
B) tirent parti de leur double échec pour se réformer en profondeur.
C) conjuguent leurs faiblesses sur le plan des techniques de management.
D) se ressemblent beaucoup trop pour travailler efficacement ensemble.
E) sont co-responsables de la crise actuelle, sur le plan économique, et surtout financier.

QUESTION 5. Quel est le plus grand paradoxe pour un enseignant-chercheur en train de rédiger une étude de cas sur une entreprise qu'il a étudiée ?

A) Écrire un texte très « décalé » par rapport aux opinions fréquemment émises sur cette entreprise.
B) Changer le nom de l'entreprise et celui des cadres et des dirigeants qui y travaillent.
C) Compliquer la réalité de l'organisation qu'il vient d'analyser.
D) Mécontenter les cadres et les dirigeants de l'entreprise qui l'accueille.
E) Pratiquer l'auto-censure et « lisser » la réalité qu'il observe.

Texte 2

Une réforme du Fonds monétaire international (FMI) est en cours depuis 2005 pour donner un peu plus de poids aux pays en développement. Cela signifie que, si l'on veut faire une place enfin significative, entre autres, à la Chine (3,66% des droits de vote en 2009) ou à l'Inde (1,89% des droits de vote en 2009), il faut prendre des voix aux pays surreprésentés, c'est-à-dire aux pays européens. Jean-Claude Juncker, président de l'Eurogroupe, vient donc de lancer une discussion sur une éventuelle représentation collective de ces pays, au sein du FMI.

Cette mutualisation aurait deux avantages : l'Union européenne (UE) deviendrait donc le premier actionnaire et la première puissance du Fonds, même si son poids électoral était ramené à 22% ou 23% ; les dix points abandonnés par l'UE permettraient d'améliorer significativement le poids des pays émergents. Pas question, a répondu Peer Steinbrück, le ministre allemand des finances, qui s'est fait le porte-parole d'une majorité de ses collègues de l'Eurogroupe. "Il n'est pas possible que nous financions la fête d'anniversaire sans pouvoir ensuite y être invités !", a-t-il grondé. "La France et l'Allemagne refusent catégoriquement une représentation unique de l'UE.", confirme-t-il, avant de concéder, dans la foulée, que "La France et l'Allemagne sont tout à fait d'accord pour dire que le statu quo ne peut être maintenu, vu la pression des pays émergents et des États-Unis.". Plus diplomate, Christine Lagarde, sa collègue française, a glissé : "C'est un projet qui n'est aujourd'hui ni réaliste, ni mûr.". Ce qui revient à peu près au même.

Il y a là, au mieux, un refus de choisir ou, au pire, une forte dose d'hypocrisie. Comme en matière d'aide au développement, où les pays riches avaient promis des milliards de dollars que les pays pauvres n'ont jamais vu venir.

QUESTION 6. Quels sont les pays les plus « surreprésentés » au sein du FMI ?

A) Les pays européens et l'Amérique du Nord
B) Tous les pays économiquement très développés.
C) L'Allemagne et la France.
D) Les pays européens, l'Amérique du Nord et le Brésil.
E) Les pays européens.

QUESTION 7. Quels seraient les avantages d'une représentation collective de l'UE au sein du FMI ?

1) Elle augmenterait le poids électoral de l'UE.
2) Elle ferait de l'UE le numéro 2 du FMI.
3) Elle permettrait à l'UE de faire un pas de plus en direction du fédéralisme.

A) Ni 1, ni 2, ni 3
B) Uniquement 2
C) 1 + 2
D) 1 + 2 + 3
E) Uniquement 3

QUESTION 8. Quel est actuellement le poids électoral de l'UE au sein du FMI ?

A) 34% ou 35%.
B) 22% ou 23%.
C) 30% ou 31%.
D) 32% ou 33%.
E) 28% ou 29%.

QUESTION 9. Quel est le meilleur titre pour ce texte ?

A) L'égoïsme des États et le blocage du FMI.
B) Le refus de la mutualisation des risques paralyse le FMI.
C) La Chine et l'Inde, ou les parents pauvres du FMI.
D) Réforme du FMI : l'UE sur la sellette...
E) Le FMI, un club fermé de pays riches !

QUESTION 10. Que pensent la majorité des membres de l'Eurogroupe de la représentation collective de l'UE au sein du FMI ?

1) Une représentation unique de l'UE est impensable, aujourd'hui comme demain.
2) Le projet de réforme du FMI doit être d'urgence revu et corrigé.
3) Au sein du FMI, c'est la participation financière de chaque État membre qui doit déterminer son poids électoral.

A) 2 + 3
B) Uniquement 3
C) Ni 1, ni 2, ni 3
D) 1 + 2 + 3
E) Uniquement 1

Texte 3

Avec la crise, le modèle américain de management fait l'objet de nouvelles interrogations. La débâcle financière de 2008 a été précédée de plusieurs scandales (Enron, Worldcom...) et de l'effondrement d'industries phares comme l'automobile. À l'inverse, de nombreuses entreprises venues des pays émergents réussissaient - malgré la crise - une croissance internationale surprenante et peu conforme aux doctrines de management en vigueur outre-Atlantique.

L'histoire du management est inséparable de la référence américaine. Après la seconde guerre mondiale, les entreprises nord-américaines ont servi d'appui à une vision planificatrice et bureaucratique du management. Cependant, dès les années 1970, ce modèle est remis en cause par le succès des entreprises japonaises, qui bouleversent les méthodes de production industrielle en introduisant la gestion en flux tendu et une organisation participative du travail. Au début des années 1990, les États-Unis reviennent sur le devant de la scène avec le modèle de la Silicon Valley, qui combine dynamisme entrepreneurial, innovation, capital risque et fort investissement public dans la recherche. L'exemple n'est plus General Motors, mais Intel ou Google. Cette réussite par l'innovation coopérative n'empêche pas les États-Unis de diffuser à travers le monde une vision financière et actionnariale de l'entreprise où celle-ci est un assemblage flexible de compétences techniques et commerciales destiné à produire à court terme un avantage compétitif. Cette conception a contribué à la crise actuelle. Elle a aussi masqué les modèles de croissance des entreprises des pays émergents qui, pourtant, ne disposaient pas d'avantages compétitifs majeurs par rapport aux entreprises occidentales. Les nouvelles multinationales d'Amérique latine, de Chine, de Corée du Sud ou d'Inde développent au contraire un "management du plus faible" qui s'efforce de combler ses handicaps autant par l'imitation et l'apprentissage que par l'innovation. Elles ont alors cherché une internationalisation rapide, fondée sur l'adaptation à des marchés locaux, notamment dans les pays émergents.

QUESTION 11. La stratégie d'internationalisation des nouvelles multinationales dans les pays émergents. Ces entreprises...

1) généralisent la sous-traitance chez leurs voisins immédiats.
2) cherchent à s'adapter aux marchés locaux, dans les pays émergents.
3) visent un développement rapide à l'étranger.

A) Uniquement 3
B) 1 + 3
C) 1 + 2 + 3
D) Uniquement 2
E) 2 + 3

QUESTION 12. Imaginez que l'auteur cherche à écrire quelques lignes pour conclure son texte... Quel serait son choix le plus probable ?

A) La vie réelle des entreprises est toujours décalée par rapport aux doctrines venues d'outre-Atlantique, qui ont plus servi les "business schools" que les firmes elles-mêmes.
B) Le modèle américain est-il en déclin ? En fait, il n'a jamais existé et, aux États-Unis comme ailleurs, de multiples conceptions originales et inimitables se sont développées.
C) Est-ce la fin du modèle américain, régnant sans partage ? La naissance de modèles alternatifs ? Ou un appel au recul critique et à l'innovation en matière de management ?
D) La conception américaine du management est responsable de la crise actuelle. Il incombe désormais aux sciences de gestion d'élaborer des théories plus sérieuses.
E) Les entreprises sont des constructions fragiles. En permanence, elles concilient des facteurs antagonistes, locaux et globaux, que les modèles sont incapables de simuler.

QUESTION 13. Le mode de fonctionnement des entreprises japonaises dans les années 70.

1) La réduction des stocks.
2) Le zéro défaut.
3) L'implication des salariés dans l'organisation des tâches.

A) 1 + 3
B) Uniquement 3
C) 2 + 3
D) Uniquement 1
E) 1 + 2 + 3

QUESTION 14. Quel est le meilleur résumé pour ce texte ?

A) L'histoire du management commence après la deuxième guerre mondiale ; elle est centrée sur l'Amérique. Toutefois, le leadership américain a été mis à mal pendant une décennie par les entreprises japonaises. À l'avenir, il faudra bien admettre que les modèles élaborés jusque-là sont trop simplistes, inappropriés, voire dangereux. Inventons-en d'autres !
B) Les sciences de gestion font commencer l'histoire du management en 1945. Pendant longtemps, les modes managériales sont venues des États-Unis, puis du Japon, ensuite à nouveau des États-Unis. Aujourd'hui, elles viennent d'Amérique latine, de Chine ou d'Inde, c'est-à-dire des pays émergents. Comment construire le modèle de synthèse d'un tel ensemble ?
C) Soixante ans d'études du management établissent la primauté - à peine contestée par le Japon - du management américain. Les modèles ont eu pour nom General Motors et IBM, puis Intel et Google. Il n'en reste pas moins que les entreprises sont toutes très différentes les unes des autres ; les modèles ne rendent pas suffisamment compte de ce caractère unique. Abandonnons-les !
D) L'histoire du management est indissolublement liée à l'Amérique du Nord. Au cours des six dernières décennies, les modèles de management ont beaucoup évolué, prenant certes appui sur les entreprises américaines, mais aussi sur les japonaises. Ces modèles devraient évoluer encore, pour prendre en compte les pratiques observables dans les pays émergents.
E) Quiconque parle de l'histoire du management retrace de facto l'histoire des entreprises américaines... En Amérique, les modèles de management se sont succédés en s'opposant les uns aux autres. Pendant un temps, le Japon a joué les troubles-fête. Désormais, ce sont les multinationales des pays émergents qui bouleversent complètement la planète management.

QUESTION 15. Le "modèle de la Silicon Valley" : laquelle de ses cinq caractéristiques ci-dessous ne figure pas dans le texte ?

A) La spécialisation dans les hautes technologies.
B) Les aides de l'État pour la recherche.
C) Le capital risque.
D) Le dynamisme entrepreneurial.
E) L'innovation.

FIN DU SOUS-TEST 1 ! Si les 20 minutes sont écoulées, pas de marche arrière possible.

Sous-test
2

Calcul

Durée : 20 minutes
15 questions

Consignes

Cette épreuve est constituée de 15 questions pour lesquelles vous disposez de 20 minutes.

TOP DÉPART ! A partir de maintenant, vous avez 20 minutes pour effectuer ce sous-test.

QUESTION 16. Loïc, Pédro et Robert participent à un meeting d'athlétisme. Ils sont inscrits au relais trois fois 100 mètres. Pour participer à la finale, ils doivent courir la course de qualification avec un temps moyen maximum pour les trois, de 13 secondes au 100 m. Loïc est le premier relayeur. Il court son 100 m en 12 secondes. Pédro, deuxième relayeur, court son 100 m en 13 secondes. Quel est le temps maximum que peut prendre Robert, pour qu'ils soient qualifiés tous les trois pour la finale ?

A) 11 secondes
B) 12 secondes
C) 15 secondes
D) 13 secondes
E) 14 secondes

QUESTION 17. Quelle est la valeur du triple du cinquième de 120 ?

A) 66
B) 69
C) 72
D) 75
E) 78

QUESTION 18. Un particulier achète une collection de CD avec une réduction de 29 € correspondant à une baisse de 20% du prix. Combien a-t-il payé la collection de CD ?

A) 116 €
B) 120 €
C) 145 €
D) 135 €
E) 133 €

QUESTION 19. Dans le carré ABCD, représenté ci-dessous, est inscrit un octogone. Chaque côté de ce carré est divisé en trois segments égaux, de valeur x, par les deux sommets de l'octogone. Quelle est la valeur de la surface de cet octogone exprimée en proportion de la surface du carré ?

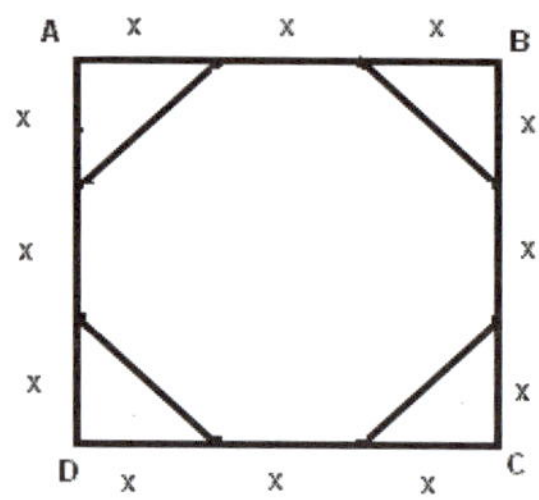

A) 4/5
B) 3 /4
C) 2/3
D) 7/9
E) 5/7

QUESTION 20. Dans le coffret à bijoux d'une grande actrice, deux septièmes des bijoux sont des colliers, deux tiers sont des bracelets et les sept autres bijoux sont des bagues. Combien y a-t-il de bijoux dans le coffret ?

A) 143
B) 145
C) 147
D) 149
E) 151

QUESTION 21. Une classe d'école primaire comprend 25 élèves. Ces derniers sont de deux niveaux différents. Aux élèves de niveau 1, l'enseignante donne 3 cahiers et aux élèves de niveau 2, elle donne 4 cahiers. Elle distribue en tout 89 cahiers. Combien y a-t-il d'élèves de niveau 2 ?

A) 14
B) 13
C) 12
D) 11
E) 10

QUESTION 22. Quel est le montant de la somme d'argent dont je dispose si la soustraction des trois cinquièmes aux cinq tiers de cette somme est égale à 176 € ?

A) 165 €
B) 180 €
C) 156 €
D) 188 €
E) 200 €

QUESTION 23. Dans une classe il y a autant de filles que de garçons. La moyenne générale à une épreuve d'histoire des idées économiques est égale à 15. La moyenne des garçons à cette épreuve est égale aux 2/3 de celle des filles. Quelle est la moyenne des filles à cette épreuve ?

A) 14
B) 15
C) 16
D) 17
E) 18

QUESTION 24. Deux villes A et B sont distantes de 135 km. Deux voitures partent simultanément, la première de la ville A et la deuxième de la ville B. Elles se croisent à 90 km de la ville A. Quelle est la seule proposition qui est vraie ?

A) La deuxième voiture roule trois fois plus vite que la première.
B) Les deux voitures ont roulé à la même vitesse.
C) La première voiture roule 1,5 fois plus vite que la deuxième.
D) La deuxième voiture roule deux fois moins vite que la première.
E) La deuxième voiture roule 1,5 fois moins vite que la première.

QUESTION 25. x et y sont deux nombres entiers positifs. y est le double de x. Quelle est la valeur de y sachant que $x^2 + y^2 = 245$?

A) 8
B) 10
C) 12
D) 14
E) 16

QUESTION 26. Dans le triangle isocèle représenté ci-dessous c = 8 cm. Sa surface est égale à 12 cm^2. Quelle est la valeur de a ?

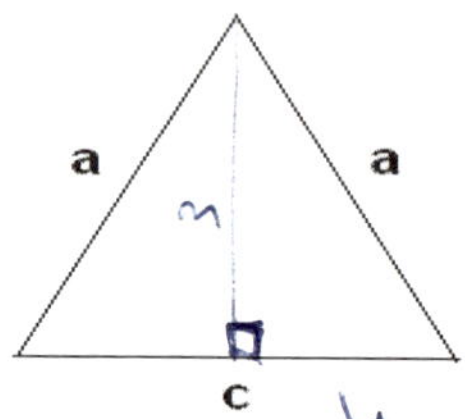

A) 4 cm
B) 5 cm
C) 6 cm
D) 7 cm
E) 8 cm

QUESTION 27. Dans la multiplication ci-dessous, quelle est la valeur de a ?

2 5 a x 3a 2a a = 2 4 a 2a a 3a

A) 1
B) 2
C) 3
D) 4
E) 5

QUESTION 28. L'aire du carré ci-dessous est égale à 64 cm^2. L'arc de cercle joint les milieux de deux côtés consécutifs du carré. Quelle est la valeur de l'aire de la partie grisée du carré ?

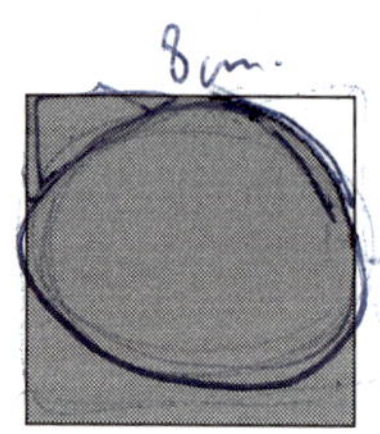

A) 16 Π cm²
B) 72 cm²
C) 58 cm²
D) 48 + 4 Π cm²
E) 11 + 15 Π cm²

QUESTION 29. a et b sont deux entiers positifs avec $a > b$ et tel que $a + b = 17$ et $a^2 + b^2 = 229$. Quelle est la valeur de $a^2 - b^2$?

A) 221
B) 235
C) 246
D) 252
E) 268

QUESTION 30. Quelle est la longueur du trajet parcouru par un automobiliste sachant que s'il avait roulé à une vitesse inférieure de 20 km/h, il aurait mis une heure de plus mais que s'il avait roulé à une vitesse supérieure de 20 km/h, il aurait mis une demi-heure de moins ?

A) 100 km
B) 105 km
C) 110 km
D) 115 km
E) 120 km

FIN DU SOUS-TEST 2 ! Si les 20 minutes sont écoulées, pas de marche arrière possible.

Sous-test 3

Raisonnement / argumentation

Durée : 20 minutes
15 questions

Consignes

Cette épreuve comporte 15 questions constituées chacune d'un paragraphe de quelques lignes et d'une question. Ces questions sont des questions de raisonnement qui ne nécessitent pas une connaissance approfondie de la logique formelle. Il est fortement conseillé aux candidats de lire et de relire très attentivement les paragraphes ainsi que les questions avant d'y répondre.

Cinq propositions de réponses sont formulées. Une seule est acceptable en fonction du paragraphe et de la question. Certaines traduisent une parenté de formulation : aussi est-il fortement conseillé, là encore, de lire et de relire très attentivement les cinq propositions de réponses.

TOP DÉPART ! A partir de maintenant, vous avez 20 minutes pour effectuer ce sous-test.

QUESTION 31. Depuis quelques années, des films sont réalisés pour évoquer un destin catastrophique pour la planète. Le dernier porte un titre évocateur : "Apocalypse". Nos comportements individuels sont de plus en plus montrés du doigt. Le mode de vie dans les pays riches est mis en cause. La question posée est alors la suivante : "Comment changer les comportements individuels afin de les rendre plus écologiques ?". Il semble que nous sommes, pour une grande majorité, très attachés aux plaisirs sans limite de la consommation. Les régimes politiques actuels dans les pays riches ne semblent pour l'instant utiliser que l'arme fiscale, mais n'est-elle pas très insuffisante au regard de l'urgence du problème ?
Quelle est la conclusion la meilleure ?

A) Seule la dictature peut sauver la planète.
B) Seule la démocratie peut sauver la planète.
C) Les régimes démocratiques devront adopter des mesures plus coercitives s'ils veulent agir efficacement sur les comportements individuels.
D) Seul un miracle peut sauver la planète.
E) La planète n'est pas en danger et le discours écologique met en danger nos libertés individuelles.

QUESTION 32. Une enseignante, pour développer la maîtrise du français de ses élèves, leur demande de choisir le plus rapidement possible un mot parmi cinq sachant que : 1. son nombre de voyelles est impair, 2. son sens a un rapport avec l'eau, 3. son nombre de lettres est impair, et 4. il a plus de consonnes que de voyelles. Quel est ce mot ?

A) rivière
B) confluent
C) fleuve
D) affluent
E) ruisseau

QUESTION 33. Une vague de suicides, liée au stress au travail, a été observée dans certaines entreprises. Les causes semblent multiples. On évoque les harcèlements de la hiérarchie entre collègues qui provoqueraient un climat social insupportable pour certains employés. Mais une autre cause, moins médiatisée, est évoquée. Il s'agit de la routinisation, mécanisme protecteur par rapport à l'anxiété provoquée par les demandes de changement. Malheureusement la concurrence, l'ouverture des marchés et les changements technologiques nécessitent des adaptations permanentes et rapides des entreprises afin de rester compétitives.
Quelle est la proposition qui résume le mieux ce propos ?

A) Le stress est uniquement provoqué par les harcèlements.
B) Le stress est une méthode de gestion délibérément choisie par la direction de certaines entreprises.
C) Il faut obliger les entreprises par la loi à ne changer l'organisation du travail qu'avec l'accord des salariés concernés.
D) Le stress au travail est inhérent au contexte économique général actuel.
E) Il est urgent de re-routiniser l'organisation du travail dans les entreprises.

QUESTION 34. Dans une recette de gâteau utilisant du lait, des œufs, de la farine et du sucre sont données les consignes suivantes :

- ne pas commencer par les œufs
- mettre la farine après les œufs
- ne pas mettre le sucre avant la farine
- mettre le lait en dernier.

Quel est l'ordre correct ?

A) On ne peut pas réaliser la recette avec les consignes.
B) Farine, sucre, œufs et lait.
C) Sucre, farine, œufs et lait
D) Lait, œufs, sucre et farine.
E) Œufs, farine, sucre et lait.

QUESTION 35. Le propos suivant est paru dans un journal spécialisé de défense des automobilistes : "Malgré le fait qu'un lien fort soit observé entre la vitesse, le nombre et la gravité des accidents, certains accidents ne sont pas explicables par des excès de vitesse".
Que laisse supposer ce propos ambigu ?

A) Que les radars ne servent à rien.
B) Qu'il ne faut pas limiter la vitesse et qu'il faut faire confiance au bon sens des automobilistes.
C) Que conduire lentement est la meilleure stratégie pour éviter les accidents.
D) Que la vitesse n'est pas la cause des accidents.
E) Que le lien entre la vitesse et les accidents n'est pas si clair si l'on prend en compte tous les accidents.

QUESTION 36. Lors d'une campagne électorale, un candidat de la majorité sortante affronte un candidat de l'opposition dans un débat télévisuel. L'échange suivant porte sur le chômage des jeunes :

- Opposition : qu'avez-vous donc fait ? Nous avons le chômage des jeunes le plus élevé de toute l'Union Européenne.
- Majorité : nous avons baissé les charges patronales pour les entreprises qui embauchaient des jeunes.
- Opposition : oui mais nous sommes toujours lanterne rouge de l'Union Européenne sur cette question.

Quel type d'argumentation utilise le candidat de l'opposition dans cet échange ?

A) Jacques travaille à la maison et réussit à l'école alors que Paul ne fait rien chez lui.
B) Comme la chauve-souris est éblouie par la lumière, les gens se croyant intelligents sont souvent éblouis par l'évidence.
C) La pluie est à la vie ce que le soleil est à la lumière.
D) Tous les mammifères allaitent leurs petits, la vipère n'allaite pas ses petits ...
E) Quand on apprend ses leçons on a des bonnes notes. J'ai appris mon cours pour le dernier examen de mathématique. J'ai eu une mauvaise note.

QUESTION 37. Les Français font partie des plus grands consommateurs de médicaments. Le paradoxe est que de nombreux malades profitent des médicaments pour ne pas changer de mode de vie et continuer à abuser de graisses, de sucre, d'alcool ou encore de tabac. Les médecins sont souvent conduits, de fait, à entretenir cette tendance afin de fidéliser leurs patients et de les transformer en clients. Tout le monde y trouve son compte sauf les comptes de la sécurité sociale.

Quelle est la proposition qui soutient le moins ce propos ?

A) Le déficit de la sécurité sociale va s'aggraver.
B) Le système de santé fabrique pour une part la maladie.
C) La consommation de médicaments augmente alors que leur efficacité baisse.
D) La plupart des maladies sont provoquées par le style de vie.
E) Le rôle des médecins est de soigner et non de faire la morale à leur patient.

QUESTION 38. Une maman a trois enfants : Jérémie, Julie et Joël. Ils jouent ensemble dans le jardin et une grosse bêtise vient d'être commise. Elle cherche à savoir qui des trois est le responsable en sachant que l'un ment tout le temps, un autre dit toujours la vérité et le troisième ment ou dit la vérité selon les circonstances. Au cours de la discussion qui s'ensuit Jérémie a déclaré "qu'il mentait parfois mais pas toujours", Julie a répondu que "c'était vrai ce qu'a dit Jérémie" et Joël a rajouté "qu'il ment toujours ou qu'il ne ment jamais". Qui ment et qui dit la vérité ?

A) Jérémie ment et Joël dit la vérité.
B) Joël ment et Jérémie dit la vérité
C) On ne peut pas le savoir.
D) Julie ment et Joël dit la vérité.
E) Jérémie ment et Julie dit la vérité.

QUESTION 39. Une grand-mère est constamment sollicitée par son petit-fils qui ne cesse de lui demander de l'argent. Un jour, lasse de cette situation, elle lui raconte une histoire qui avait marqué son enfance. Il y a quelques années, un vigneron, sentant sa fin venir, rassemble ses enfants une dernière fois. Il leur dit : "après ma mort, vous pourrez partager mon argent que j'ai mis dans un coffre et que j'ai enfoui dans le sol de l'une de mes vignes". Après sa mort, ses héritiers ont fébrilement retourné la terre de toutes les vignes de leur père. Mais ils ne retrouvèrent aucun coffre. Heureusement pour eux, la récolte suivante de raisin fut exceptionnelle.

Quelle qualité cette grand-mère a-t-elle voulu souligner à l'esprit de son petit fils ?

A) La cupidité.
B) La jalousie.
C) La solidarité.
D) L'effort.
E) La générosité.

QUESTION 40. Un mois contient cinq vendredis. Les dates de trois de ces vendredis sont paires. A quel jour de la semaine correspond le 19 de ce mois ?

A) Dimanche.
B) Lundi.
C) Mercredi.
D) Samedi.
E) Vendredi.

QUESTION 41. Le philosophe Engels a écrit, à la fin du XIXe siècle, le propos suivant : "Il est tout à fait remarquable qu'au moment où les socialistes anglais sont en général opposés au christianisme et sont forcés de supporter tous les préjugés religieux d'un peuple réellement chrétien, les communistes français qui appartiennent à une nation réputée pour son incroyance, sont eux-mêmes chrétiens. Une de leurs maximes favorites est "le christianisme c'est le communisme", et à l'aide de la Bible, ils s'efforcent de le prouver par le fait que les premiers chrétiens ont dû vivre dans le régime de la communauté des biens".
Quelle est la proposition dont le contenu est le plus proche des considérations d'Engels ?

A) Le socialisme est par essence antireligieux.
B) Le socialisme anglais est philosophiquement proche du libéralisme.
C) Le communisme français est une forme laïque du christianisme.
D) La France est profondément chrétienne.
E) Le christianisme est le creuset idéologique de tous les partis politiques européens.

QUESTION 42. Au Canada, une étude généalogique approfondie sur plusieurs générations d'une même lignée a fait apparaître l'existence d'un trouble linguistique particulier chez de nombreux membres de conditions sociales très variées. Il s'agit de l'incapacité à intégrer la règle de formation des pluriels irréguliers en anglais. La personne peut apprendre et retenir le pluriel irrégulier d'un nom mais elle apparaît incapable de généraliser cet apprentissage à tous les autres pluriels irréguliers.
....
Quel est le contenu de la dernière phrase représentée par des pointillés ?

A) Au sein des familles il se transmet par l'éducation à la fois des compétences importantes et des handicaps.
B) Un enfant n'apprend rien de son entourage pour parler car la langue est innée.
C) Il est nécessaire d'éliminer certaines règles des langues afin de ne plus handicaper certaines personnes.
D) Les langues se complexifient et, par conséquent, le nombre de personnes présentant des troubles linguistiques augmente.
E) On peut supposer l'existence de gènes de la grammaire des langues.

QUESTION 43. Dans une entreprise en crise, le Directeur décide d'organiser une réunion avec le responsable des ventes, l'agent comptable et les deux représentants des organisations syndicales. Ils s'asseyent tous les cinq autour d'une table ronde s'interpelant par leur prénom, à savoir Tatiana, Halim, Erica, Arnaud et Norbert.

Halim est assis à la droite d'un responsable syndical, le responsable des ventes est assis à la droite du Directeur, Halim est assis à la gauche de Norbert, les deux responsables syndicaux sont côte à côte et Erica, responsable syndicale, est assise à la droite du responsable des ventes.
Quel est le prénom du directeur ?

A) Norbert
B) Halim
C) Tatiana
D) Arnaud
E) Erica

QUESTION 44. Qu'est-ce que Bertrand ne peut pas faire quelles que soient les circonstances ?

A) Il ne peut pas se remarier avec la sœur de son ex-épouse.
B) Il ne peut pas se marier avec la sœur de la cousine germaine de son meilleur ami.
C) Il ne peut pas épouser la sœur de sa belle-sœur.
D) Il ne peut pas épouser la sœur de sa veuve.
E) Il ne peut pas épouser la veuve de son frère.

QUESTION 45. Aristote n'a pas affirmé que des choses exactes. Ainsi, voilà l'un de ses propos quant à la place de la Terre dans l'Univers. "La nature des objets lourds est de tendre vers le centre de l'Univers et des objets légers de s'en éloigner. Or l'expérience nous montre que les objets lourds tendent vers le centre de la Terre alors que les objets légers s'en éloignent. Donc le centre de la Terre est le centre de l'Univers".
Pourquoi la conclusion d'Aristote est-elle fausse ?

A) Parce que les objets lourds ne tendent pas vers le centre de la Terre.
B) Parce que l'on ne sait pas si les objets lourds tendent vers le centre de l'Univers.
C) Parce que les objets légers ne s'éloignent pas du centre de la Terre.
D) Parce que les objets légers tendent vers le centre de l'Univers.
E) Parce que l'on ne sait pas où est le centre de la Terre.

FIN DU SOUS-TEST 3 ! Si les 20 minutes sont écoulées, pas de marche arrière possible.

Sous-test 4

Conditions minimales

Durée : 20 minutes
15 questions

Consignes

Chacun des 15 problèmes qui suivent comporte une question et deux informations étiquetées (1) et (2). Vous devez décider si ces informations sont suffisantes pour répondre à la question.

Vous cocherez :
A) Si l'information **(1)** permet **à elle seule** de répondre à la question, et si l'information (2) à elle seule ne permet pas de répondre à la question.
B) Si l'information **(2)** permet **à elle seule** de répondre à la question, et si l'information (1) à elle seule ne permet pas de répondre à la question.
C) Si les deux informations **(1) et (2) ensemble** permettent de répondre à la question, et aucune séparément ne le peut.
D) Si **chaque** information permet **séparément** de répondre à la question.
E) Si les deux informations **ensemble ne permettent pas** de répondre à la question.

Sauf précision contraire, tous les nombres utilisés sont des nombres réels.

TOP DÉPART ! A partir de maintenant, vous avez 20 minutes pour effectuer ce sous-test.

QUESTION 46. Thierry, Alexandre et Michael comparent leur âge. Qui est le plus âgé des trois ?

(1) Michael est plus âgé qu'Alexandre.
(2) Alexandre est plus jeune que Thierry.

QUESTION 47. ABCD est un carré. Quelle est la valeur de la longueur d'un de ses côtés ?

(1) La surface de ABCD est égale à 49 cm^2
(2) La longueur d'une diagonale de ABCD est égale à la racine carrée de 98.

QUESTION 48. Un particulier achète au mois de décembre 2009 un lecteur de CD. Quel est son prix ?

(1) En janvier 2009, il valait 125 €.
(2) Au cours de l'année 2009, il a subi en février une augmentation de 1,7% puis en septembre une augmentation de 0,8%.

QUESTION 49. Dans un couple, l'addition des âges de la femme et du mari est égale à 87 ans. Quel est l'âge du mari ?

(1) La femme est plus jeune que son mari.
(2) Le mari a sept ans de plus que sa femme.

QUESTION 50. ABCD est un trapèze dont les bases sont AD et BC. Ses deux côtés non parallèles sont-ils égaux ?

(1) l'angle BAD + l'angle BCD = 180°.
(2) BC = 2/5 AD

QUESTION 51. Un capital est partagé en deux parties inégales. L'une est placée à un taux annuel de 4% et la deuxième à un taux annuel de 6%. Quel est le montant de ce capital ?

(1) La plus petite partie correspond aux deux tiers de la plus grande.
(2) La partie placée à 4% a rapporté au bout d'un an 600 €.

QUESTION 52. Quelle est la valeur de x + y sachant que y = 4x ?

(1) 2y – 4x = 12
(2) x – y = - 9

QUESTION 53. Un randonneur parcourt un trajet de 37 km. Il met en tout 8 heures et 54 minutes. Il a fait une pause de 45 minutes à 15 km de l'arrivée. Pendant combien de temps a-t-il marché après sa pause ?

(1) Il a effectué la première partie du trajet jusqu'à la pause à la vitesse de 4,4 km/h.
(2) Il a effectué la deuxième partie après la pause, à une vitesse inférieure à celle de la première.

QUESTION 54. ABC est un triangle rectangle en A. Quelle est la valeur de l'angle ABC ?

(1) BC = 9 cm.
(2) AC / BC = 0,5

QUESTION 55. La somme des âges de trois frères est égale à 55 ans. Quel est l'âge du plus jeune ?

(1) Dans 15 ans le plus jeune aura l'âge actuel du cadet.
(2) Dans 10 ans le cadet aura l'âge actuel de l'aîné.

QUESTION 56. Igor vend ses CD lors d'un vide grenier. Il en fait trois catégories chacune à un prix différent à savoir 3 €, 5 € et 9 €. Il récolte en tout 174 €. Combien a-t-il vendu de CD à 9 € ?

(1) Les CD à 3 € et les CD à 9 € vendus ont rapporté en tout 114 €.
(2) Les CD à 3 € et les CD à 5 € vendus ont rapporté en tout 111 €.

QUESTION 57. m est un nombre entier à quatre chiffres. Quelle est sa valeur ?

(1) L'addition des chiffres des milliers et des unités est égale à l'addition des chiffres des centaines et des dizaines.
(2) L'addition des 4 chiffres de m est égale à 10.

QUESTION 58. Irène, Judith, Amadeus et Tatiana font une course de relais quatre fois 100 m. Quel temps ont-il mis ensemble pour parcourir les 400 m ?

(1) La moyenne des temps d'Irène et d'Amadeus est égale à 12,5 secondes.
(2) La moyenne des temps de Judith et de Tatiana est égale à 14,5 secondes.

QUESTION 59. Un carré est inscrit dans un cercle. Quelle est la valeur du périmètre de ce carré ?

(1) La surface du carré est égale à 16 cm^2.
(2) La différence entre la surface du cercle et la surface du carré est égale à $8(\Pi - 2)$

QUESTION 60. Actuellement l'âge de Kevin est égal au tiers de l'âge de sa mère. Quel est l'âge actuel de Kevin ?

(1) Quand Kevin aura l'âge actuel de sa mère, cette dernière aura alors 55 ans.
(2) Quand Kevin aura 4 fois son âge actuel, alors l'âge de sa mère sera équivalent aux 3/2 de l'âge que Kevin aura alors.

FIN DU SOUS-TEST 4 ! Si les 20 minutes sont écoulées, pas de marche arrière possible.

Sous-test
5

Expression

Durée : 20 minutes
15 questions

Consignes

Cette épreuve comporte différents types d'exercices :

1. Evaluer le degré de synonymie dans les reformulations.
2. Choisir la formulation qui exprime le mieux un énoncé initial, en tenant compte de la correction orthographique et grammaticale, et du niveau de style.
3. Trouver la meilleure formulation d'une phrase complexe ou d'un court paragraphe (articulateurs logiques, ordre des mots et des membres de phrases).

ATTENTION !
- Soyez rapide.
- Soyez extrêmement attentif aux consignes figurant au début des différents exercices.

TOP DÉPART ! A partir de maintenant, vous avez 20 minutes pour effectuer ce sous-test.

Recherche de synonymie

Consigne de 61 à 64 : choisissez la reformulation dont le sens se rapproche le plus du passage / des passages souligné(s).

QUESTION 61. Après une cascade de déceptions amoureuses déçues, il décida de n'aimer désormais qu'avec discernement.

A). à la grâce de Dieu.
B). à bon escient.
C). à moitié.
D). au petit bonheur la chance.
E). à bon compte.

QUESTION 62. Auprès de l'église, quelques maisons étaient groupées ; les autres avaient préféré se disséminer aux environs.

A). se dissiper à proximité.
B). se dissimuler dans le voisinage.
C). se distribuer de près ou de loin.
D). s'éparpiller à l'entour.
E). se dupliquer à proximité.

QUESTION 63. Le projet des Lumières selon lequel le progrès humain rendra toujours l'avenir meilleur que le passé est toujours de mise, mais les effets secondaires du progrès peuvent être discutables.

A). aujourd'hui au centre du jeu
B). encore d'actualité
C). pour toujours à l'ordre du jour
D). à tout jamais pertinent
E). désormais en jeu

QUESTION 64. L'univers de la presse est structuré, entre autres, par l'opposition entre le masculin et le féminin.

A). pour une part	la distorsion
B). en partie	la discordance
C). partiellement	le dissentiment
D). ipso facto	l'antagonisme
E). d'un certain côté	l'antithèse

Consigne pour 65 : parmi les cinq adages populaires ci-dessous, trouvez le seul dont le sens soit en contradiction avec l'énoncé figurant dans la question.

QUESTION 65. Les voyages forment la jeunesse.

A). Si tu trouves une route sûre, suis-la longtemps.
B). Quand on change le tam-tam de place, on invente un nouveau son.
C). Traverse le lac et tu pourras changer tes habitudes.
D). La vérité existe au-delà des montagnes.
E). C'est la poule qui circule le plus qui mange le plus de fourmis.

Correction linguistique

Consigne pour 66 : trouvez parmi les cinq phrases ci-dessous la seule qui ne comporte aucune faute d'orthographe d'usage, et/ou de grammaire.

QUESTION 66.
A). Je souhaite qu'il gagnât.
B). Si seulement nous travaillions en ce moment, nous serions moins angoissés.
C). Si je savais, je ne serais pas venu.
D). Si demain on me l'offrait, je le refuserai.
E). Le ciel t'entendes !

Consigne de 67 à 70 : indiquez la formulation orthographiquement et grammaticalement la plus correcte, la plus claire et la plus élégante pour exprimer le sens du passage souligné. Le choix A reprend la formulation initiale.

QUESTION 67. Ce régiment, part de notre deuxième armée, contenait durant quelques jours l'avance des ennemis ; celle-ci désorganisa nos lignes.

A). Ce régiment, part de notre deuxième armée, contenait durant quelques jours l'avance des ennemis ; celle-ci désorganisa nos lignes.
B). Un régiment de notre deuxième armée contint quelques jours l'avance ennemi: en effet, celle-ci désorganisa profondément nos lignes de défense.
C). Ce régiment, appartenant à notre deuxième armée, contint pendant quelques jours l'avance de l'ennemi, qui désorganisait nos lignes.
D). Un régiment partie intégrante de notre deuxième armée, stoppa quelques jours l'avance ennemie, laquelle avait désorganiser nos lignes.
E). L'avance ennemie qui désorganisait nos lignes fut stoppé par un régiment de notre deuxième armée, et ceci pendant quelques jours.

QUESTION 68. À l'inverse de beaucoup de congressistes, plus jeunes pourtant mais qui sont moins coopératifs, il nous apporte malgré son âge avancé et en dépit des critiques dont il fait l'objet une aide précieuse, même s'il ne peut pas assister à toutes les séances.

A). A l'inverse de beaucoup de congressistes, plus jeunes pourtant mais qui sont moins coopératifs, il nous apporte malgré son âge avancé et en dépit des critiques dont il fait l'objet une aide précieuse, même s'il ne peut pas assister à toutes les séances.
B). Bien qu'ayant un âge avancé, et ne pouvant pas assister à toutes les séances, il nous apporte une aide précieuse nonobstant les critiques dont il fait l'objet, alors que beaucoup de congressistes au demeurant plus jeunes sont moins coopératifs.
C). Bien qu'il soit critiqué et absent de certaines séances au vu de son âge avancé, il nous apporte, à l'inverse de beaucoup de congressistes qui sont plus jeunes et moins coopératifs, une aide précieuse.
D). Il est certes d'un âge avancé, il ne peut pas assister à toutes les séances et il est l'objet de critiques, mais il nous apporte une aide précieuse, différente des congressistes plus jeunes qui se montrent moins coopératifs.
E). Malgré son âge avancé, et bien qu'il ne puisse pas assister à toutes les séances, il nous apporte, en dépit des critiques dont il est l'objet, une aide précieuse, alors que beaucoup de congressistes, pourtant plus jeunes, sont moins coopératifs.

QUESTION 69. Désireuse d'assurer à ses enfants une cure de bon air afin de les aider à se remettre de leur rougeole, elle a, pour rester à proximité de Paris, loué une villa en Normandie, afin que son mari puisse faire souvent le voyage.

A). Désireuse d'assurer à ses enfants une cure de bon air afin de les aider à se remettre de leur rougeole, elle a, pour rester à proximité de Paris, loué une villa en Normandie, afin que son mari puisse faire souvent le voyage.
B). Elle a loué une villa en Normandie, dans l'intention de rester près de Paris, afin que son mari puisse faire souvent le voyage, de sorte que ses enfants fassent une cure de bon air et se remettent ainsi de leur rougeole.
C). Pour que ses enfants fassent une cure de bon air et se remettent, ainsi, de leur rougeole, elle a louer une villa, en Normandie dans l'intention de rester assez près de Paris pour que son mari puisse faire souvent le voyage.
D). En désirant assurer à ses enfants une cure de bon air, les aidant à se remettre de leur rougeole, elle a loué une villa en Normandie, pour rester à proximité de Paris, et permettant à son mari de faire souvent le voyage.
E). Elle a loué une villa en Normandie pour que ses enfants fassent une cure de bon air et se remettent ainsi de leur rougeole et par ailleurs dans l'intention de rester près de Paris de sorte que son mari put faire souvent le voyage.

QUESTION 70. La jeunesse s'impose comme un critère exclusif de beauté. Le corps est voué à préserver les attributs de la jeunesse : plus grand, plus tonique, plus musclé, construisant son apparence, se transformant, s'ouvrant à la mondialisation et en soumettant le vêtement à ses exigences.

A). Le corps est voué à préserver les attributs de la jeunesse : plus grand, plus tonique, plus musclé, construisant son apparence, se transformant, s'ouvrant à la mondialisation et en soumettant le vêtement à ses exigences.
B). Préserver les attributs de la jeunesse, tel doit être le corps qui construit son apparence, se transforme, s'ouvre à la mondialisation et soumet le vêtement à ses exigences de devenir plus grand, plus tonique et plus musclé.
C). Le corps plus grand, plus tonique, plus musclé est voué à préserver les attributs de la jeunesse par la construction, la transformation, l'ouverture à la mondialisation et la soumission du vêtement à ses exigences.
D). Construire son apparence, se transformer, s'ouvrir à la mondialisation et soumettre le vêtement à ses exigences, c'est le corps qui préserve les attributs de la jeunesse en étant plus grand, plus tonique, plus musclé.
E). Plus grand, plus tonique, plus musclé, voué à préserver les attributs de la jeunesse, le corps construit son apparence, se transforme, s'ouvre à la mondialisation et soumet le vêtement à ses exigences.

Cohérence

Consigne de 71 à 75 : complétez avec la suite la plus cohérente.

QUESTION 71. (...) la plupart des grandes concentrations urbaines européennes, (...) mondiales, l'évolution démographique, économique, fonctionnelle et territoriale de Londres, (...) influence qu'elle exerce sur le Royaume-Uni, en font une région métropolitaine aux contours géographiques de plus en plus flous.

A). À l'instar de	et même	englobante
B). Comme	et surtout	à savoir l'
C). Suivant	et peut-être	en plus de l'
D). À l'image de	voire	ainsi que l'
E). De même que	et pourquoi pas	y intégrant l'

QUESTION 72. La grippe a longtemps été considérée comme un (...), mais l'émergence, ces dernières années, de la grippe aviaire due au virus H5N1 rappelle que le virus de la grippe peut être à l'origine de (...) dont la référence demeure la grippe espagnole qui, de 1918 à 1919, fit au moins 40 millions de morts dans le monde.

A). réel danger pour les populations	sérieuses épidémies
B). malaise passager	véritables maladies
C). risque pour les personnes âgées	fléaux pires que la peste
D). maladie relativement bénigne	pandémies meurtrières
E). défi pour les services sanitaires	phénomènes de panique

QUESTION 73. Les prix du pétrole ont été portés dans leur ascension par une forte demande, (...) du côté de la Chine. (...) il convient de noter que la boulimie chinoise a aussi concerné la plupart des matières premières, et les métaux pour lesquels la Chine représente (...) environ 20 p. 100 de la demande mondiale.

A). par exemple	C'est ainsi qu'	sur le fond
B). notamment	À cet égard	désormais
C). surtout	C'est alors qu'	tout d'abord
D). entre autres	À ce propos	dès lors
E). surtout	De fait	malgré tout

QUESTION 74. Parmi les produits dérivés, proposés dans les boutiques des musées en France, on été vendus, à la seule effigie de la Joconde, 235 000 cartes postales, 93 000 magnets, et 300 000 stylos ! À (...) de l'économique et du religieux, l'économique et le culturel s'entrelacent en "feuilletés savants" dans ce qu'un sociologue désignait comme (...).

A). l'instar	l' "épicerie du sacré"
B). l'exception	la "poire pour la soif"
C). la différence	les "sucreries de monsieur le curé"
D). la mode	le "beurre dans les épinards"
E). l'inverse	les "mamelles de la France"

QUESTION 75. Notre civilisation occidentale a pour base historique (...) de la confrontation. La culture japonaise fonde la sienne sur (...) de l'harmonie.

A). un dialogue	l'éminence
B). un dialecte	la proéminence
C). une dialectologie	l'imminence
D). une dialectique	la prééminence
E). un discours	la préséance

FIN DU SOUS-TEST 5 ! Si les 20 minutes sont écoulées, pas de marche arrière possible.

Sous-test 6

Logique

Durée : 20 minutes
15 questions

Consignes

Les **huit premières questions** sont des problèmes d'intersection de deux séries. Chaque question contient deux séries, une série est présentée horizontalement et l'autre verticalement. Elles sont constituées de groupes de lettres ou de chiffres. Il s'agit pour vous de choisir parmi les cinq réponses qui vous sont proposées, le groupe de lettres ou de chiffres qui pourrait aussi bien appartenir à la série présentée horizontalement qu'à la série présentée verticalement et ainsi occuper **la place du point d'interrogation**.

Les **sept dernières questions** sont des problèmes de séries portant sur des données de nature spatiale. Chacune des séries est constituée de trois cases comprenant des graphiques suivies d'une case contenant un point d'interrogation. Les trois premières cases doivent vous permettre d'inférer le contenu de la case qui devrait occuper **la place du point d'interrogation**. La question porte donc sur le point d'interrogation et vous devez choisir votre réponse parmi les cinq propositions de réponses qui vous sont faites.

TOP DÉPART ! A partir de maintenant, vous avez 20 minutes pour effectuer ce sous-test.

QUESTION 76.

		G R U		
		H X B		
		I D P		
Z F L	H E M	?	S J O	A G P
		K H D		

A) J Y D B) J U N C) W B N D) D J U E) U K M

QUESTION 77.

		68		
89	67	?	78	23
		102		
		51		
		17		

A) 34 B) 49 C) 85 D) 77 E) 56

QUESTION 78.

		O E R		
		P F A		
		D X N		
		L Y F		
E Z Q	W Z H	?	C Z V	I Z F

A) Z U L B) G Z I C) K Z L D) O R J E) K Z J

QUESTION 79.

420	?	630	945	315
	264			
	822			
	543			
	633			

A) 210 B) 275 C) 840 D) 444 E) 218

QUESTION 80.

				D P O
R Q U	N M K	Y X F	E D A	?
				J I B
				H Q M
				P L C

A) I K G B) N S E C) H G H D) T S G E) P I T

QUESTION 81.

		412		
		721		
514	853	?	422	734
		515		
		618		

A) 121 B) 824 C) 927 D) 246 E) 303

QUESTION 82.

		J A H		
		J U K		
		O C L		
		N B X		
W H Z	Q D U	?	G T Q	O M V

A) S E P B) S J R C) F Y F D) A O U E) P B P

QUESTION 83.

		594		
		253		
147	968	?	143	653
		121		
		473		

A) 835 B) 707 C) 264 D) 642 E) 583

QUESTION 84.

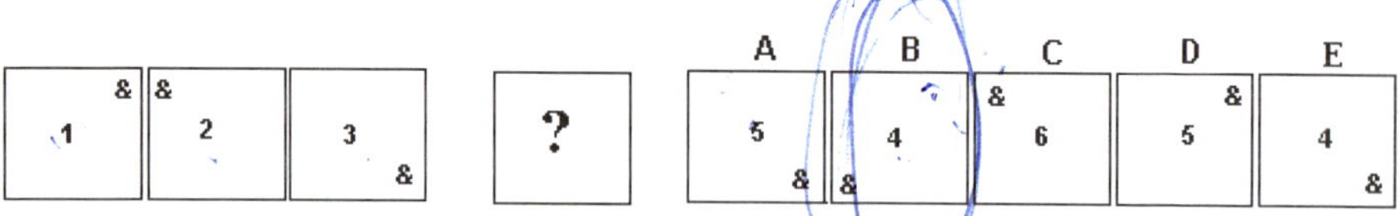

QUESTION 85.

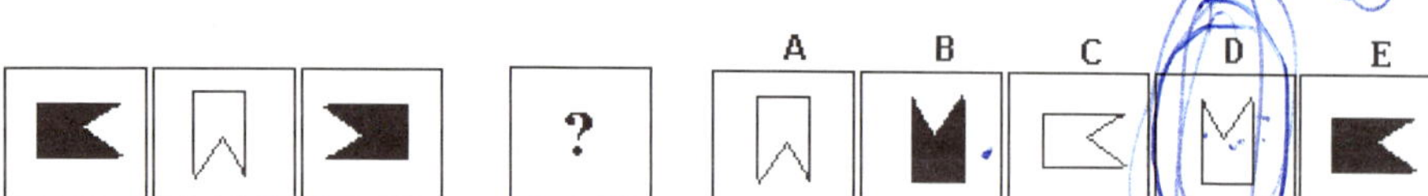

QUESTION 86.

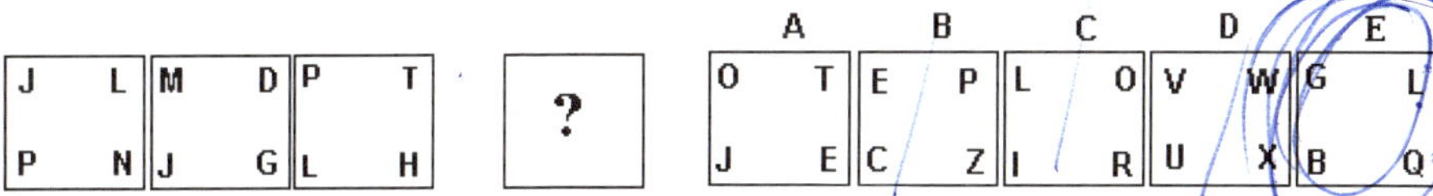

QUESTION 87.

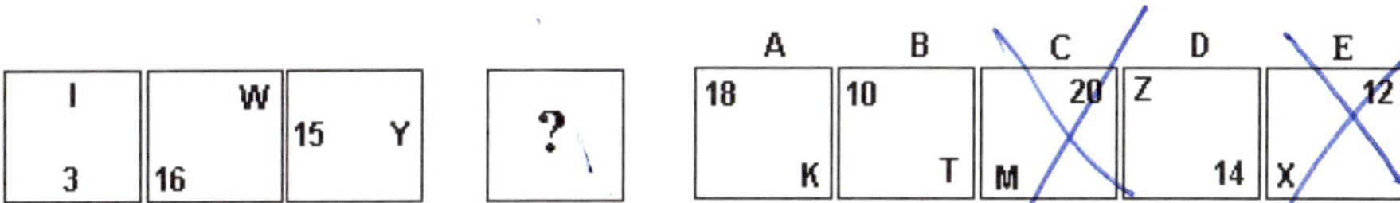

QUESTION 88.

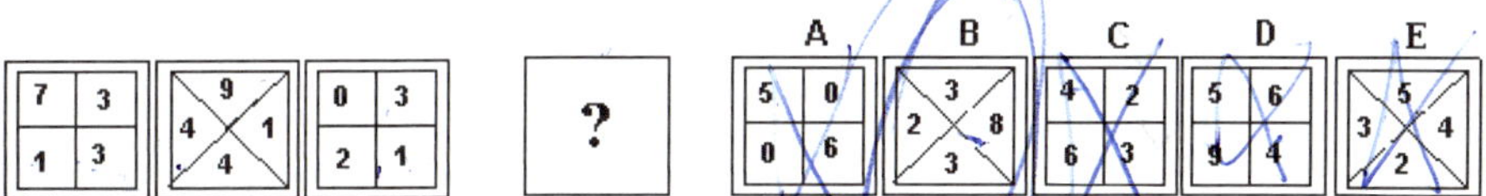

QUESTION 89.

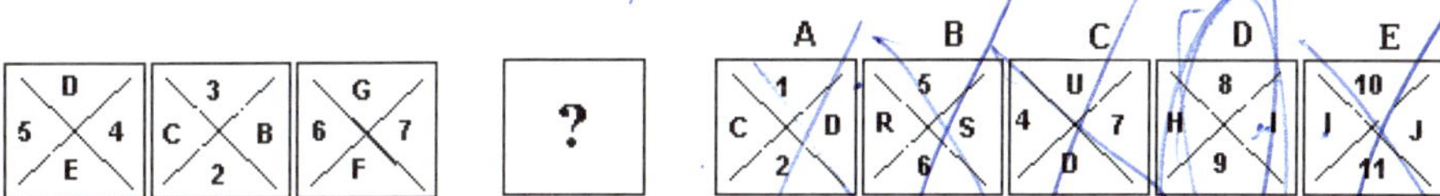

QUESTION 90.

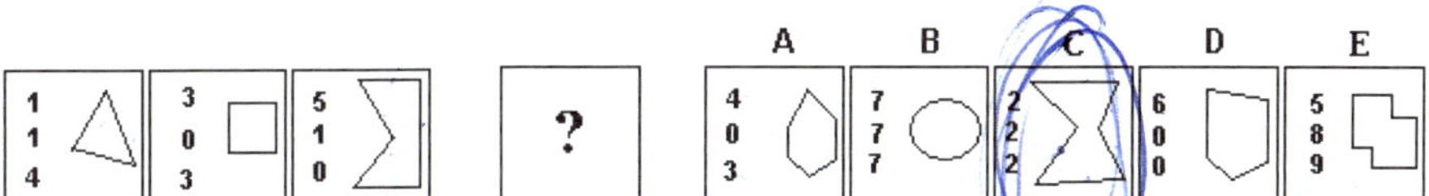

FIN DU SOUS-TEST 6 ! Si les 20 minutes sont écoulées, pas de marche arrière possible.

Réponses test TAGE MAGE n°2

SOUS-TEST 1		SOUS-TEST 2		SOUS-TEST 3	
Questions	Réponses	Questions	Réponses	Questions	Réponses
1	D	16	E	31	C
2	[illegible]	17	C	32	B
3	[illegible]	18	A	33	D
4	A	19	D	34	A
5	E	20	C	35	E
6	E	21	A	36	E
7	A	22	A	37	C
8	D	23	E	38	A
9	D	24	D	39	D
10	B	25	D	40	B
11	E	26	B	41	C
12	C	27	C	42	E
13	A	28	D	43	A
14	D	29	A	44	D
15	A	30	E	45	B

SOUS-TEST 4		SOUS-TEST 5		SOUS-TEST 6	
Questions	Réponses	Questions	Réponses	Questions	Réponses
46	E	61	B	76	B
47	D	62	D	77	A
48	C	63	B	78	E
49	B	64	E	79	C
50	A	65	A	80	D
51	E	66	B	81	C
52	D	67	C	82	A
53	A	68	E	83	E
54	B	69	A	84	B
55	C	70	E	85	D
56	B	71	D	86	E
57	E	72	D	87	A
58	C	73	B	88	B
59	D	74	A	89	D
60	A	75	D	90	C

TEST TAGE MAGE N°3

Sous-test 1

Compréhension d'un texte écrit

Durée : 20 minutes
15 questions

Consignes

Cette épreuve comporte plusieurs textes. Chacun de ces textes est suivi d'une série de questions. Chaque question vous présente **cinq** propositions qui peuvent porter sur différents niveaux de lecture :

- Informations "isolées" contenues dans le texte ;
- Idées principales, traitées dans un ou plusieurs paragraphes ;
- Position de l'auteur telle qu'elle se reflète dans le texte, etc.

Parmi les cinq propositions présentées dans le cadre de chaque question, certaines sont en contradiction flagrante avec le texte ; d'autres abordent des aspects qui n'y sont pas traités ; d'autres encore se rapprochent **plus ou moins** de ce qui est exprimé - directement ou indirectement - dans ce même texte.

La seule proposition considérée comme exacte est celle **qui se rapproche le plus** de ce qui est écrit dans le texte. Les quatre autres propositions sont considérées comme fausses.

TOP DÉPART ! A partir de maintenant, vous avez 20 minutes pour effectuer ce sous-test.

Texte 1

Interview d'un membre du Parlement européen (septembre 2009)

"

- **Selon vous, la crise économique a-t-elle des répercussions concrètes sur le marché de la contrefaçon ?**
- Je ne crois pas que la crise constitue un tournant. Par contre, elle a accentué et aggravé une tendance qui préexistait. La contrefaçon correspond à un mode de consommation meilleur marché, et il est clair qu'aujourd'hui, la crise pousse à la fois à l'accroissement de la compétition entre entreprises, en particulier dans les pays émergents, et d'autre part les consommateurs à rechercher des produits à moindre coût, aussi bien dans les pays du sud que dans les pays du nord.

- **Le consommateur français est-il à l'abri des contrefaçons qui mettent en danger sa santé ou sa sécurité ?**
- Vous ne pouvez pas être une zone de haute protection, comme la France et l'Allemagne le sont, si par ailleurs vous vivez dans un marché intérieur européen où il y a, dans ce domaine, des faiblesses législatives, comme aux Pays-Bas et en Belgique. C'est pourquoi il est urgent que tous les États membres se mettent au même niveau législatif et acceptent des sanctions pénales au niveau communautaire. C'est justement l'objet de la directive adoptée par le Parlement européen en 2006 et qui est toujours sur la table du Conseil des ministres européens, parce que certains États lui reprochent de porter atteinte à leur souveraineté.

- **Quelles autres propositions feriez-vous en matière de lutte contre la contrefaçon ?**
- Concrètement, il faut protéger les consommateurs européens en menant des actions de répression au nom de la sécurité alimentaire et sanitaire, des actions extrêmement rapides et coordonnées pour enlever les produits dangereux du marché. C'est là où l'Europe peut avoir un rôle tout à fait déterminant. D'autre part, je propose de mettre en place, à travers l'action commune des services publics et des entreprises privées, des actions coordonnées, et pourquoi pas une sorte de brigade européenne de sécurité des consommateurs.

"

QUESTION 1. Le Parlement européen face à la contrefaçon :

A) Il est en désaccord avec la Commission européenne sur la façon de lutter contre la contrefaçon.
B) Il n'a pas encore réussi à voter la directive sur la contrefaçon.
C) Il s'intéresse davantage à la propriété intellectuelle qu'à la contrefaçon.
D) Il se heurte à l'attentisme du Conseil des ministres en matière de lutte contre la contrefaçon.
E) Il est co-responsable des faiblesses législatives en matière de lutte contre la contrefaçon.

QUESTION 2. Quelle mesure l'interviewé ne préconise-t-il pas en matière de lutte contre la contrefaçon ?

A) Harmoniser, dans ce domaine, la réglementation dans tous les États membres.
B) Prévoir des sanctions pénales dans le domaine de la contrefaçon.
C) Conjuguer les efforts des États et du secteur privé.
D) Contrôler sur l'internet ce qui est authentique et ce qui est contrefait.
E) Mettre en place une organisation européenne chargée de veiller à la sécurité des consommateurs.

QUESTION 3. Impact de la crise sur la contrefaçon :

1) Elle n'apporte rien de radicalement nouveau dans le domaine de la contrefaçon.
2) Elle entraîne uniquement une augmentation de la compétition entre entreprises.
3) Elle banalise et généralise le phénomène de la contrefaçon dans le monde.

A) 1 + 2
B) Uniquement 3
C) Uniquement 1
D) Uniquement 2
E) 1 + 3

QUESTION 4. Le consommateur français est-t-il bien protégé vis-à-vis de la contrefaçon ?

A) Oui, c'est un des mieux protégés au monde, avec les Allemands et les Anglais.
B) Moyennement, car il existe, en France, quelques carences législatives dans ce domaine.
C) Non, car il n'y a pas de législation européenne dans ce domaine.
D) Oui et non, selon que l'on se place au niveau national ou à l'échelon européen.
E) Pas vraiment, étant donné l'augmentation drastique de l'offre en matière de produits contrefaits.

QUESTION 5. Quelle tendance observe-t-on actuellement dans le comportement des consommateurs ?

1) Les consommateurs sont de plus en plus vigilants vis-à-vis des produits contrefaits.
2) Partout, les consommateurs recherchent le meilleur rapport qualité/prix.
3) Les comportements sont fondamentalement différents selon les pays et les continents.

A) Uniquement 2
B) 1 + 2
C) 1 + 3
D) Uniquement 3
E) Ni 1, ni 2, ni 3

Texte 2

Depuis 2009, les dirigeants des pays membres de l'Association des États de l'Asie du Sud-Est (Asean) s'interrogent sur la validité du modèle économique qui a présidé jusque-là à la croissance spectaculaire de la région. En sapant la consommation américaine et européenne, le virus de la crise financière a en effet infecté, à travers la chaîne de la sous-traitance globale, non seulement la Chine, atelier du monde industriel, mais aussi les économies voisines, qui avaient fait de la Chine le tremplin de leurs propres exportations. Le choc atteint ainsi encore plus violemment les pays les plus développés (Japon, Corée du Sud, Taïwan, Singapour), dont la croissance repose sur les exportations, que les pays émergents (Vietnam, Philippines, Malaisie), qui avaient conquis eux aussi une place dans le mécano de la mondialisation, et que les pays pauvres (Cambodge, Laos...), derniers venus dans la chaîne d'approvisionnement internationale.

Pourtant, les États de l'Asie de l'Est disposent, ensemble, d'atouts qui font aujourd'hui défaut aux pays occidentaux pour trouver une issue à la crise économique et inventer un modèle de croissance moins dépendant des exportations, tourné vers la consommation intérieure, capable d'orienter les immenses réserves financières, jusqu'ici investies essentiellement en bons du Trésor américain, vers le développement des pays les plus pauvres de la zone. Il était certes vain de croire à un découplage de l'Asie face à la récession actuelle. L'architecture régionale est en effet le fruit de "quarante ans d'industrialisation par le biais des exportations", selon les propos d'un militant altermondialiste philippin. La Corée du Sud et Taïwan ont été les premiers à adopter cette stratégie copiée du Japon et largement encouragée par la Banque mondiale. La Chine a copié, mais en le multipliant, le modèle de ses voisins, attirant les investissements du monde entier pour exporter encore meilleur marché. Au cours de la décennie 2000, elle a même commencé à assembler à bas coût les productions de ses voisins plus aisés avant de les réexporter.

QUESTION 6. Pouvait-on penser, avant 2009, que la Chine serait épargnée par la crise actuelle ?

A) Non, les économistes sérieux avaient exclu cette hypothèse.
B) Oui, la plupart des économistes ont pensé cela.

C) Le texte n'apporte pas d'informations sur ce point.
D) Non, dans notre monde globalisé, personne n'est à l'abri de rien.
E) Oui et non, cela dépendait de la perspective d'analyse choisie.

QUESTION 7. Comment évolue la nouvelle planification économique en Chine ?

1) En valorisant le capital humain.
2) En favorisant l'innovation dans tous les domaines.
3) En orientant davantage l'économie vers la consommation intérieure.

A) Uniquement 2
B) 1 + 2 + 3
C) Uniquement 3
D) ni 1, ni 2, ni 3
E) 2 + 3

QUESTION 8. Choisissez le meilleur titre pour cet article.

A) L'intégration régionale, un remède miracle contre la crise en Asie.
B) Face à la crise économique et financière, l'Asie cherche sa propre voie.
C) Malgré la crise, l'Asie conserve d'importantes perspectives de croissance.
D) La Chine et le Japon réorientent leurs investissements vers leurs voisins.
E) La Chine délaisse l'exportation et se tourne vers son marché intérieur.

QUESTION 9. Sur quels piliers repose le modèle économique qui a assuré le développement économique de l'Asie dans les dernières décennies ?

1) Une orientation massive sur le commerce extérieur
2) La sous-traitance industrielle pour les pays développés
3) La course à l'innovation technologique

A) 1 + 2 + 3
B) 1 + 3
C) Uniquement 1
D) 2 + 3
E) 1 + 2

QUESTION 10. Quels pays asiatiques ont été les plus durement frappés par la crise mondiale ?

A) Les pays pauvres.
B) Singapour, Hong Kong, le Japon.
C) Les pays émergents.
D) Taïwan, la Corée du Nord, la Chine.
E) Les pays les plus développés.

Texte 3

Les entreprises doivent-elles avant tout faire du profit ? Ou bien ont-elles une responsabilité sociale ? Le débat n'est pas nouveau. Mais à la faveur de la crise financière et écologique, il connaît une deuxième jeunesse. L'intérêt de l'ouvrage *Vers une nouvelle gouvernance des entreprises*, clair et pédagogique, est d'en rappeler utilement les enjeux, en exposant les aspects théoriques de la controverse et en s'appuyant sur des cas réels d'entreprises aux "bonnes pratiques" exemplaires.

Le concept de "parties prenantes" de l'entreprise pose problème, remarquent d'emblée les deux auteurs, un spécialiste de l'audit social et un professeur dans un Institut d'administration des entreprises. Le mot anglais correspondant, "stakeholder", jeu de mots sur "stockholder" (porteur d'actions) est intraduisible en français. Et pour cause. Il recouvre deux visions antagonistes. D'un côté, les libéraux friedmaniens, pour qui la raison d'être de la firme est de dégager un surplus pour les actionnaires. De l'autre, ceux pour qui l'entreprise a une responsabilité sociale globale, en matière d'emploi, de formation, de création de richesses, de santé, d'environnement, etc.

La thèse centrale des auteurs est que l'émergence de nouvelles interrogations sociales et environnementales offre une opportunité inédite de réfléchir à une nouvelle gouvernance. "*La question qui sera posée avec une acuité de plus en plus importante par la société civile aux entreprises, et essentiellement aux grandes entreprises multinationales, est celle de leur légitimité ou, si l'on veut, de leur acceptation par le corps social.*", écrivent-ils. Volontairement optimistes, ils pronostiquent que l'objectif de développement durable devrait logiquement contribuer à une "inclusion" de plus en plus grande des parties prenantes dans l'élaboration de la stratégie d'entreprise. En rognant un peu sur les appétits des actionnaires...

QUESTION 11. Quels sont les points forts de l'ouvrage *Vers une nouvelle gouvernance des entreprises* ?

1) Rappeler ce qu'il y a à gagner et à perdre dans ce débat.
2) Faire la part de la réalité vécue dans certaines entreprises.
3) Faire apparaître le soubassement théorique du débat.

A) 1 + 2
B) 1 + 3
C) 1 + 2 + 3
D) Ni 1, ni 2, ni 3
E) 2 + 3

QUESTION 12. Les actions relevant de la responsabilité sociale des entreprises : laquelle n'est pas évoquée dans le texte ?

A) La préservation de la santé.
B) La concertation avec un nombre croissant de parties prenantes.
C) La préservation de l'emploi.
D) Le dialogue avec les associations protégeant l'environnement.
E) La mise en place d'opérations de formation.

QUESTION 13. Quel est le meilleur résumé pour ce texte ?

A) Depuis toujours, la responsabilité sociale des entreprises a été opposée à la nécessité de faire du profit. Les actionnaires et les autres "parties prenantes" ont des attentes irrémédiablement antagonistes... En fait, c'est la société dans son ensemble qui est juge de la légitimité de telle ou telle entreprise. Voilà ce que montre , avec brio et talent, un ouvrage intitulé : *Vers une nouvelle gouvernance des entreprises*.
B) *Vers une nouvelle gouvernance des entreprises*. Cet ouvrage reprend le débat sur la vocation de l'entreprise : faire du profit ou jouer un rôle social ? Pour ce faire, il rappelle les enjeux, donne un cadre théorique à la querelle et présente des exemples d'entreprises réelles. Si elles veulent être légitimes, les entreprises doivent être à l'écoute de toutes leurs "parties prenantes", et les associer à la définition de leur stratégie.
C) Deux spécialistes, un consultant et un enseignant, se sont penchés sur le dilemme de toute entreprise : faire du profit ou servir la société ? Ils ont produit *Vers une nouvelle gouvernance des entreprises*, un ouvrage clair et pédagogique, qui résume le débat et propose des solutions de bon sens : changer la gouvernance des entreprises, modérer l'appétit des actionnaires, et associer le plus grand nombre de personnes à la vie de l'entreprise.

D) La crise économique et financière actuelle a permis de revenir sur un débat classique pour les gestionnaires d'entreprises : faut-il servir les actionnaires ou bien la société ? Un ouvrage, *Vers une nouvelle gouvernance des entreprises*, revient sur ce débat. Il rappelle les positions en présence et les protagonistes et présentent des interviews de manager. Une entreprise se doit de prendre en compte, à égalité, ses actionnaires et ses salariés, sinon elle sera rejetée par tous.

E) L'actionnaire ou le salarié ? Cette question est récurrente dans le débat sur la bonne gouvernance des entreprises. L'ouvrage *Vers une nouvelle gouvernance des entreprises* reprend le problème à zéro, autour du concept de "parties prenantes", internes et externes. Il démontre, de façon claire et pédagogique, que les entreprises, en particulier les multinationales, sont soumises à une évaluation sociale de plus en plus serrée, qui risque bien de les rejeter sans appel.

QUESTION 14. Le point de vue critique du lecteur attentif : Quelle est, dans ce compte rendu de lecture, la faiblesse la plus dommageable à une juste compréhension de la nouvelle gouvernance des entreprises ?

A) L'emploi d'un jargon technique, inutilement compliqué.
B) Un compte rendu beaucoup trop élogieux pour être honnête.
C) Un manque flagrant de clarté dans la construction du compte rendu.
D) Un compte rendu beaucoup trop court et constamment allusif.
E) Une définition insuffisante du concept de parties prenantes.

QUESTION 15. Quelle est, selon les auteurs, la question la plus cruciale posée désormais aux entreprises ? Elle concerne...

A) leur patriotisme économique.
B) la transparence de leur gestion.
C) leur légitimation sociale.
D) leur empreinte écologique.
E) leur profitabilité à long terme.

FIN DU SOUS-TEST 1 ! Si les 20 minutes sont écoulées, pas de marche arrière possible.

Sous-test 2

Calcul

Durée : 20 minutes
15 questions

Consignes

Cette épreuve est constituée de 15 questions pour lesquelles vous disposez de 20 minutes.

TOP DÉPART ! A partir de maintenant, vous avez 20 minutes pour effectuer ce sous-test.

QUESTION 16. Quelle est la valeur des trois cinquièmes des trois cinquièmes de 175 ?

A) 60
B) 63
C) 67
D) 75
E) 92

QUESTION 17. Z est à la fois le triple d'un nombre A et le quintuple d'un nombre B. Parmi ces cinq valeurs, quelle est la seule qui ne peut pas correspondre à Z ?

A) 75
B) 60
C) 55
D) 30
E) 15

QUESTION 18. Un éleveur, pour nourrir 30 chiens pendant 30 jours, a besoin de 112,5 kg de croquettes. Quel est le poids de croquettes dont aurait besoin cet éleveur s'il devait nourrir 18 chiens pendant 7 jours ?

A) 11,34 kg
B) 12,75 kg
C) 13,50 kg
D) 14,875 kg
E) 15,75 kg

QUESTION 19. Tatiana est née en 1953. En quelle année son âge a-t-il été pour la première fois de sa vie égal à la somme des chiffres de l'année ?

A) 1970
B) 2008
C) 1965
D) 1997
E) 1980

QUESTION 20. Quel est le premier terme, représenté par le point d'interrogation, de cette série ?

? 4 6 10 18

A) 0
B) 1
C) 2
D) 3
E) 4

QUESTION 21. Dans une brasserie, un fût de bière de 91 litres de contenance, est rempli aux 5/7. Combien de chopes de 65 cl peut-on remplir avec le contenu de ce fût ?

A) 75
B) 90
C) 100
D) 110
E) 135

QUESTION 22. Quelle est la valeur du tiers de 274 ?

A) 94
B) 273
C) 37
D) 2712
E) 311

QUESTION 23. Un grand-père est âgé de 84 ans et sa fille est âgée de 40 ans. Il a quatre petits-enfants d'âges différents. Si l'on multiplie l'âge du plus petit par l'âge du plus grand, on obtient le même résultat que si l'on multiplie l'âge du deuxième par l'âge du troisième, à savoir l'âge du grand-père. Quel est l'âge du troisième sachant que la somme des âges des quatre petits-enfants est égale à 45 ?

A) 12 ans
B) 14 ans
C) 16 ans
D) 18 ans
E) 21 ans

QUESTION 24. Un particulier place une somme d'argent sur un produit financier dont le rapport est de 4% annuel. Au bout d'un an, il récupère tout son argent, soit un montant de 34 056 € net des prélèvements sociaux qui s'élèvent à 20% des intérêts. Quel est le montant de la somme placée sur ce produit financier ?

A) 30 000 €
B) 31 000 €
C) 32 000 €
D) 33 000 €
E) 34 000 €

QUESTION 25. Une piste rectangulaire est incluse dans une piste rectangulaire plus grande (voir figure ci-dessous). La grande piste a pour surface 21 km². Sa longueur et sa largeur correspondent à des nombres entiers. Un automobiliste, à vitesse constante de 80 km/h, fait le tour de la grande piste avec la même durée que s'il faisait le tour de la petite piste à une vitesse constante de 56 km/h. Quelle est la valeur du périmètre de la petite piste ?

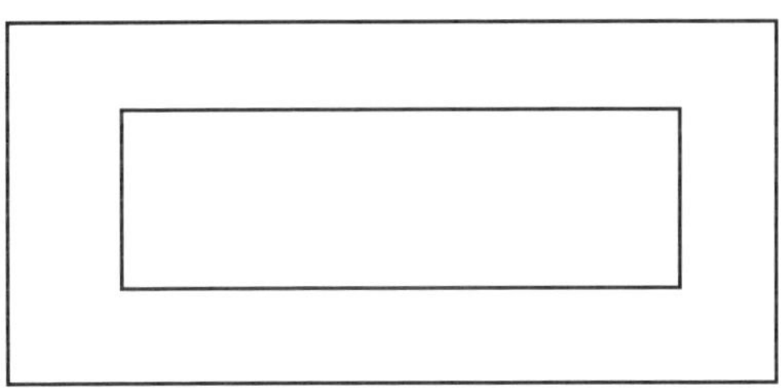

A) 14 km
B) 15 km
C) 16 km
D) 17 km
E) 18 km

QUESTION 26. Dans la figure ci-dessous (échelle non respectée), quelle est la valeur de la surface noircie ?

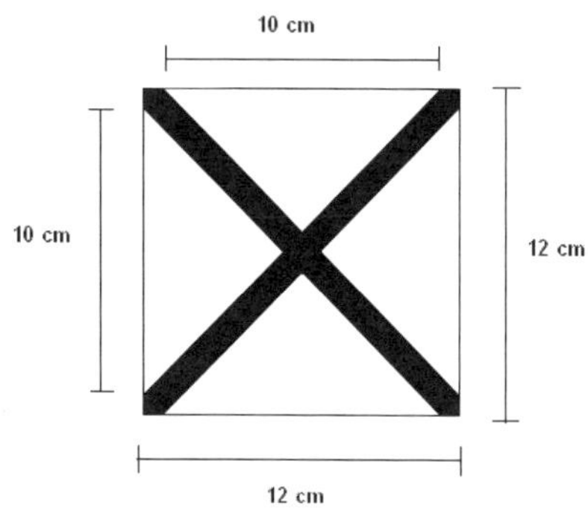

A) 35 cm²
B) 40 cm²
C) 56 cm²
D) 44 cm²
E) 68 cm²

QUESTION 27. Quelle est la valeur de a dans la multiplication ci-dessous ?

```
          a   2a   3a
        x 1    4    3
      ----------------
        -   -   -   -
    -   -   -   -   .
    -   -   -   .
  --------------------
    -   -   7   -   -
```

A) 1
B) 2
C) 3
D) 4
E) 5

QUESTION 28. m est un entier positif non nul et strictement inférieur à 7. Quelle est la valeur de p sachant que $p^2 - m3 = m^2$?

A) 2
B) 3
C) 4
D) 5
E) 6

QUESTION 29. Mon dernier salaire s'élève à 2300 € y compris la rémunération de mes heures supplémentaires. Mon salaire de base est supérieur de 2000 € à la rémunération de mes heures supplémentaires. Quel est le montant de mon salaire de base ?

A) 2000 €
B) 2050 €
C) 2075 €
D) 2125 €
E) 2150 €

QUESTION 30. En arrivant à la réunion, chacun des participants a dit bonjour par une poignée de main à tous les autres participants. Quel est le nombre de participants sachant que 15 poignées de main ont été échangées ?

A) 5
B) 6
C) 7
D) 8
E) 9

FIN DU SOUS-TEST 2 ! Si les 20 minutes sont écoulées, pas de marche arrière possible.

Sous-test 3

Raisonnement / argumentation

Durée : 20 minutes
15 questions

Consignes

Cette épreuve comporte 15 questions constituées chacune d'un paragraphe de quelques lignes et d'une question. Ces questions sont des questions de raisonnement qui ne nécessitent pas une connaissance approfondie de la logique formelle. Il est fortement conseillé aux candidats de lire et de relire très attentivement les paragraphes ainsi que les questions avant d'y répondre.

Cinq propositions de réponses sont formulées. Une seule est acceptable en fonction du paragraphe et de la question. Certaines traduisent une parenté de formulation : aussi est-il fortement conseillé, là encore, de lire et de relire très attentivement les cinq propositions de réponses.

TOP DÉPART ! A partir de maintenant, vous avez 20 minutes pour effectuer ce sous-test.

QUESTION 31. Nous vivons dans des démocraties d'opinion publique. C'est la dictature des sondages. A cet égard, le niveau de popularité d'une femme ou d'un homme politique est un phénomène très curieux. Pour être populaire, il y a deux situations possibles. La première est qu'il faut être dans la majorité mais critiquer le pouvoir, voire s'y opposer. Etre contre plaît toujours à une part importante de l'opinion. La deuxième est qu'il faut avoir été au pouvoir et ne plus l'être. Il y a alors une nostalgie d'un passé prétendument meilleur, comparé à un présent morose, qui bénéficie alors à l'homme politique du passé.
Quelle est la proposition qui soutient le mieux le propos ci-dessus ?

A) Un candidat doit être impopulaire pour être élu.
B) Les sondages sont toujours faux.
C) Voter pour un candidat et l'aimer quand il est élu sont deux choses différentes.
D) L'opinion publique sape les fondements de la démocratie.
E) Les élections ne servent à rien.

QUESTION 32. La langue française est la langue officielle de la République Française. Ce qui n'empêche pas quelques Français de parler très mal cette langue.
Quelle est la meilleure conclusion à ce propos ?

A) La langue française n'est pas une caractéristique essentielle de la nationalité française.
B) Etre Français et parler français ne sont pas totalement synonymes.
C) Dans un proche avenir, la plupart des pays n'auront plus de langue officielle.
D) La France est un pays multilingue.
E) La plupart des Français parle en famille une autre langue que le français.

QUESTION 33. Qui peut être la tante de l'oncle de ma sœur ?

A) Mon grand-père.
B) Ma grand-mère.
C) La cousine de mon grand-père.
D) Mon arrière-grand-mère.
E) La sœur de ma grand-mère.

QUESTION 34. Manuel est plus riche que Marilyne et Pedro est plus pauvre que Manuel. Qui est le plus pauvre des trois sachant qu'ils ont chacun une richesse différente des deux autres ?
Quelle est la réponse correcte ?

A) Marilyne ou Pedro.
B) Manuel.
C) Pedro.
D) Marilyne.
E) Manuel et Jacques.

QUESTION 35. Nous sommes nombreux à être nostalgiques du passé que nous idéalisons. Il aurait été sans stress et sans pollution. Mais comment vivaient réellement nos ancêtres ? Le monde de nos ancêtres était certes naturel et sans pollution, mais il était brutal et inconfortable. Il était le contraire de notre société de consommation et l'on n'y ressentait aucun besoin. On se passait de pétrole, mais on n'y mangeait pas à sa faim. Faute de retraite, on travaillait jusqu'au trépas. Faute de médecine, on était à tout moment guetté par la maladie et la mort. Et si l'on ignorait jusqu'à l'existence du pétrole, on n'en avait pas pour autant beaucoup d'idées, faute d'instruction.
Quelle est la proposition qui soutient le moins le propos ci-dessus ?

A) Les sociétés modernes détruisent l'homme.
B) La pollution est la conséquence du progrès.
C) Nos ancêtres avaient une vie rude et sans désirs superflus.
D) Progrès et nature sont complémentaires.
E) Dans le passé, la vie était plus saine.

QUESTION 36. Selon une enquête du Bureau International du Travail, plus de 70% des Français déclarent être stressés par le travail. De plus, la moitié des salariés français entre 50 et 55 ans souhaiterait être à la retraite. ....
Quelle est la phrase, représentée par les points de suspension, qui conclut ce propos ?

A) La valeur du travail se dévalorise à travers le monde.
B) La France devient une société de loisir.
C) Les contraintes du travail sont jugées inconciliables avec les désirs d'épanouissement personnel.
D) Il faut que la loi n'oblige les gens à travailler, qu'entre 25 et 50 ans.
E) L'image du travail est très négative en France alors qu'elle est positive dans le reste de l'Europe.

QUESTION 37. Dans la vie, on obéit à ses passions ou non. Si on les suit, on le regrette souvent et on est malheureux. Si on ne les suit pas, on risque alors de ressentir une profonde frustration et de grands regrets.
Quelle est la proposition qui résume le mieux le propos ci-dessus ?

A) Il faut suivre ses passions.
B) Le malheur est une vue de l'esprit.
C) Dans la vie, il faut oublier ses passions.
D) On accède au bonheur avec la raison et non avec ses passions.
E) La vie est un long chemin parsemé de malheurs.

QUESTION 38. Parmi ces cinq figures de style, quelle est l'intruse ?

A) Il y avait cent voiles dans le port.
B) Plus de mille âmes vivent dans cette bourgade.
C) On était à la saison des roses.
D) Votre intelligence n'a d'égal que votre beauté.
E) Une multitude de têtes de bétails descendaient des alpages.

QUESTION 39. Hier, Henri est resté chez lui. En fin d'après midi, il constate que son MP3 a disparu. Après une vaine recherche, il est persuadé qu'il a été victime d'un vol. L'après-midi, François, Patrick et Vladimir sont passés le voir. Par recoupement et analyse, il en arrive aux quatre conclusions suivantes :

1. Si François est coupable, alors il a un et un seul complice.
2. Si Patrick est innocent, alors Vladimir est innocent.
3. S'il y a deux coupables et deux seulement, alors François est l'un des deux.
4. Si Vladimir est innocent, alors Patrick est innocent.

Quel est ou quels sont les coupables ?

A) Aucun des trois.
B) Patrick seul.
C) Tous les trois sont coupables.
D) Patrick et François.
E) François et Vladimir.

QUESTION 40. Sosten, au désespoir de sa femme, n'est pas un homme rangé. Dans un tiroir de sa commode, se trouvent pêle-mêle deux paires de chaussettes rouges, trois paires de chaussettes noires et une paire de chaussettes bleues.

Un matin en se levant, il constate qu'il a oublié de préparer ses chaussettes avant de se coucher la veille. Il ne veut pas réveiller sa femme. Il décide donc de prendre au hasard une poignée de chaussettes dans le tiroir de la commode. Combien cette poignée doit-elle contenir de chaussettes au minimum pour que Sosten soit certain d'y trouver deux chaussettes de même couleur ?

A) Onze.
B) Quatre.
C) Dix.
D) Trois.
E) Cinq.

QUESTION 41. La France après Waterloo avait une dette comparable à celle de l'Allemagne après sa défaite de 1918. La politique choisie par le gouvernement français fut celle de l'emprunt massif à partir de 1816. La dette de la France fut ainsi étalée et diluée sur plusieurs décennies et donc sur plusieurs générations, la rendant ainsi plus supportable aux Français. Par cette politique, la France a pu maintenir sa croissance économique en évitant une grave récession aux conséquences sociales dramatiques. En revanche, elle aurait fort probablement connu une telle récession si elle avait choisi une politique fiscale rigoureuse avec de très fortes augmentations d'impôts afin de payer sa dette au plus vite. Quelle est la proposition qui soutient le moins le propos ci-dessus ?

A) La dette d'un pays est toujours payée par les générations suivantes.
B) L'emprunt permet à un pays d'avoir une politique de croissance.
C) Il ne peut y avoir de croissance pour un pays surendetté.
D) Comme un ménage, un pays est obligé de payer ses dettes.
E) Un pays sans dette peut être en récession économique.

QUESTION 42. Dans une ville, un barbier voit passer tous les jours beaucoup de clients. Plus précisément, il n'y a que deux catégories d'hommes dans cette ville. Dans la première, les hommes qui se rasent toujours eux-mêmes alors que dans l'autre ils se font toujours raser par ce barbier. Parmi ces cinq affirmations, quelle est la seule qui est exacte ?

A) Le barbier se rase toujours lui-même.
B) Le barbier ne se rase jamais lui-même.
C) Le barbier se rase parfois lui-même et parfois se fait raser.
D) Dans cette ville, il ne peut pas y avoir un tel barbier.
E) Dans cette ville tous les hommes se font raser.

QUESTION 43. Dans un mois de trente et un jours, on compte trois lundis dont les dates sont des nombres impairs. Quel(s) jour(s) tombe(nt) le 18 de ce mois ?

A) Lundi.
B) Mardi.
C) Samedi ou dimanche.
D) Mardi ou jeudi.
E) Mercredi ou dimanche.

QUESTION 44. Etiennette, Josette, Béatrice et Edith ont des métiers différents. Elles sont secrétaire de direction, informaticienne, directrice commerciale et professeur. Josette et Etiennette n'ont jamais touché un ordinateur. Etiennette et Béatrice n'ont jamais passé de concours et n'ont donc pas pu embrasser la carrière d'enseignant. Josette et Edith n'aiment pas le commerce. Béatrice et Josette auraient aimé devenir secrétaires mais elles n'ont pas trouvé d'emploi dans cette branche.
Laquelle des quatre est professeur ?

A) Béatrice
B) Josette
C) Etiennette
D) Edith
E) Il n'est pas possible de répondre.

QUESTION 45. On demande à Pongsit s'il est vrai que : "s'il aime Aliénor alors, il aime aussi Marlène ?". Il répond "si c'est vrai alors j'aime Aliénor".
Que peut-on dire avec certitude des amours de Pongsit ?

A) Pongsit aime Aliénor et il aime peut-être aussi Marlène.
B) Pongsit n'aime ni Marlène, ni Aliénor.
C) Pongsit aime les deux.
D) Pongsit aime Aliénor mais n'aime pas Marlène.
E) Pongsit aime Marlène mais pas Aliénor.

FIN DU SOUS-TEST 3 ! Si les 20 minutes sont écoulées, pas de marche arrière possible.

Sous-test 4

Conditions minimales

Durée : 20 minutes
15 questions

Consignes

Chacun des 15 problèmes qui suivent comporte une question et deux informations étiquetées (1) et (2). Vous devez décider si ces informations sont suffisantes pour répondre à la question.

Vous cocherez :
A) Si l'information **(1)** permet **à elle seule** de répondre à la question, et si l'information (2) à elle seule ne permet pas de répondre à la question.
B) Si l'information **(2)** permet **à elle seule** de répondre à la question, et si l'information (1) à elle seule ne permet pas de répondre à la question.
C) Si les deux informations **(1) et (2) ensemble** permettent de répondre à la question, et aucune séparément ne le peut.
D) Si **chaque** information permet **séparément** de répondre à la question.
E) Si les deux informations **ensemble ne permettent pas** de répondre à la question.

Sauf précision contraire, tous les nombres utilisés sont des nombres réels.

TOP DÉPART ! A partir de maintenant, vous avez 20 minutes pour effectuer ce sous-test.

QUESTION 46. Fabienne travaille dans une agence bancaire. Quel est le pourcentage de femmes parmi les salariés de cette agence ?

(1) le nombre d'hommes correspond aux 3/2 du nombre de femmes.
(2) le nombre de femmes correspond aux 2/3 du nombre d'hommes.

QUESTION 47. Dimitri est né au XXe siècle. Quelle est l'année de sa naissance ?

(1) la somme des chiffres de l'année de naissance de Dimitri est égale à 19.
(2) l'année de naissance de Dimitri est le carré d'un nombre.

QUESTION 48. Jacques est l'oncle de Pauline. Qui des deux habite Paris ?

(1) le plus âgé des deux habite Marseille.
(2) le plus jeune des deux n'habite pas Marseille.

QUESTION 49. Dans la figure ci-dessous (échelle non respectée) sont représentés un cercle et un triangle. L'aire du triangle est-elle supérieure à celle du cercle ?

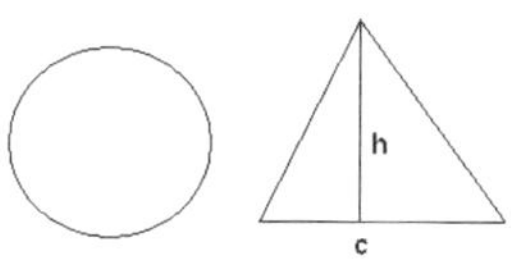

(1) la mesure de la hauteur h du triangle est égale à 1,5 fois celle du diamètre du cercle.
(2) la valeur du côté c du triangle est égale à celle du diamètre du cercle.

QUESTION 50. Combien Slobodan et Bryan ont-ils respectivement d'argent dans leur poche ?

(1) Si Slobodan donne 17 € à Bryan, alors ils auront tous les deux la même somme d'argent.
(2) Actuellement Bryan n'a pas d'argent.

QUESTION 51. Une famille comprend moins de sept membres. Marlène est l'un des enfants. Combien cette famille a-t-elle de membres ?

(1) Marlène a le même nombre de frère(s) que de sœur(s).
(2) Il y a plus de femme(s) que d'homme(s) dans cette famille.

QUESTION 52. Boris et Cynthia parcourent le même trajet en automobile. Quel est le plus rapide des deux ?

(1) Boris roule à 120 km/h.
(2) Cynthia a mis 45 minutes pour effectuer le parcours.

QUESTION 53. X est un nombre à trois chiffres. Ces trois chiffres sont-ils des nombres premiers ?

(1) La multiplication des trois chiffres de X est égale à 105.
(2) L'addition des chiffres de X est égale à 15.

QUESTION 54. Ma salle de bains est éclairée par une fenêtre rectangulaire à un seul battant. La vitre est constituée de petits carreaux rectangulaires identiques. Combien y a-t-il de carreaux à la fenêtre de ma salle de bains ?

(1) si la valeur de sa largeur était supérieure d'un tiers, la fenêtre posséderait une colonne de plus de carreaux.
(2) si la valeur de sa hauteur était supérieure d'un cinquième, la fenêtre posséderait une rangée de plus de carreaux.

QUESTION 55. J'ai commencé à lire un livre il y a trois heures à un rythme constant. Il ne me reste plus que 90 pages à lire. Combien ce livre a-t-il de pages ?

(1) Au même rythme de lecture, j'aurai fini dans une heure et trente minutes.
(2) J'ai déjà lu 180 pages.

QUESTION 56. Dans une entreprise, 40% des personnes sont victimes de la grippe. Toutes les personnes atteintes ont de la fièvre mais toutes ne toussent pas. Quel est le pourcentage de personnes atteintes par la grippe et qui toussent ?

(1) 60% des personnes ne sont pas grippées.
(2) 60% des personnes ne toussent pas.

QUESTION 57. Un automobiliste vient de parcourir un trajet. Il a parcouru les quatre premiers septièmes du trajet en deux heures et les trois derniers septièmes en une heure. Quelle est la longueur du trajet ?

(1) les quatre premiers septièmes correspondent à une distance de 172 km.
(2) l'automobiliste a roulé à 129 km/h durant les trois derniers septièmes du trajet.

QUESTION 58. Dans la figure ci-dessous, ABCD est un rectangle et le point I, le milieu du côté DC. Quelle est la valeur de la surface du triangle IBC ?

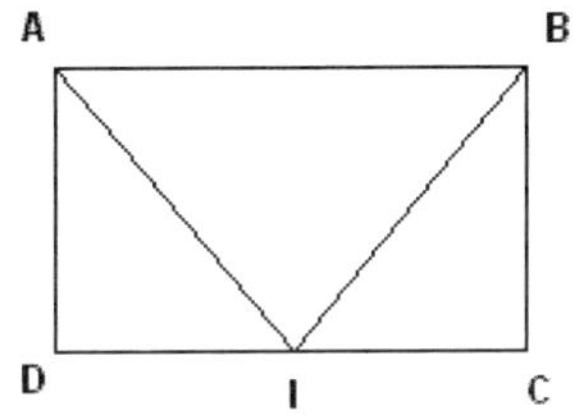

(1) Si l'on triple la valeur de la largeur du rectangle alors sa surface sera égale à 150 m^2.
(2) La valeur de la longueur du rectangle est le double de celle de la largeur.

QUESTION 59. Le dénivelé d'une route pentue est évalué en pourcentage. Plus la route est pentue et plus son dénivelé est fort. Quand la route est plate, son dénivelé est de 0%. Un cycliste vient d'effectuer l'ascension d'une route de montagne dont le dénivelé est plus fort pour le dernier tiers que pour les deux premiers tiers. Quand on prend pour référence sa vitesse sur le plat, la vitesse de ce cycliste diminue de 10% pour un 1% d'augmentation du dénivelé de la route. Quel est en pourcentage le dénivelé du dernier tiers de l'ascension ?

(1) La vitesse du cycliste durant le dernier tiers de l'ascension est égale au 5/7 de sa vitesse durant les deux premiers tiers.
(2) La vitesse du cycliste durant le dernier tiers de l'ascension est égale à la moitié de sa vitesse sur le plat.

QUESTION 60. Quel est l'âge de Patrick ?

(1) Si l'on prend trois fois l'âge qu'il aura dans trois ans et qu'on lui soustrait trois fois l'âge qu'il avait il y a trois ans, on obtient son âge actuel.
(2) Quand Patrick aura pour âge les 4/3 de son âge actuel, il sera alors âgé de 24 ans.

FIN DU SOUS-TEST 4 ! Si les 20 minutes sont écoulées, pas de marche arrière possible.

Sous-test 5

Expression

Durée : 20 minutes
15 questions

Consignes

Cette épreuve comporte différents types d'exercices :
1. Evaluer le degré de synonymie dans les reformulations.
2. Choisir la formulation qui exprime le mieux un énoncé initial, en tenant compte de la correction orthographique et grammaticale, et du niveau de style.
3. Trouver la meilleure formulation d'une phrase complexe ou d'un court paragraphe (articulateurs logiques, ordre des mots et des membres de phrases).

ATTENTION !
- Soyez rapide.
- Soyez extrêmement attentif aux consignes figurant au début des différents exercices.

TOP DÉPART ! A partir de maintenant, vous avez 20 minutes pour effectuer ce sous-test.

Recherche de synonymie

Consigne de 61 à 64 : choisissez la reformulation dont le sens se rapproche le plus du passage / des passages souligné(s).

QUESTION 61. Pour tenter de mettre fin aux troubles de l'ordre public, le gouvernement a adopté une série de mesures coercitives concernant la liberté de circulation.

A). autocratives
B). menaçantes
C). violentes
D). contraignantes.
E). anti-démocratiques

QUESTION 62. Identifiées dès 1907 dans certaines formes de « démence », les maladies neurovégétatives apparaissent aujourd'hui comme un fléau majeur.

A). Suite à leur apparition dès 1907
B). Découvertes au plus tôt en 1907
C). Mises en évidence déjà en 1907
D). Cataloguées au plus tard en 1907
E). Dépistées enfin en 1907

QUESTION 63. Le parfum des citronniers rendait encore plus lourde l'exhalaison de cette foule en sueur...

A). Le relent
B). La senteur
C). L'émanation
D). L'odeur
E). Le fumet

QUESTION 64. Le plus souvent saisie par l'esprit à travers les trois partis "trotskistes" qui la représentent, l'extrême gauche en France s'analyse aussi comme une famille politique allant chercher dans des répertoires d'action et des histoires très différents.

A). appréhendée	puisant dans
B). invoquée	pompant dans
C). conceptualisée	siphonnant
D). entrevue	empruntant
E). perçue	plongeant dans

Consigne pour 65 : parmi les cinq adages populaires ci-dessous, trouvez le seul dont le sens soit en contradiction avec l'énoncé figurant dans la question.

QUESTION 65. Le riche ne danse jamais mal.

A). Le fond de la pirogue ne dit pas ce qu'il y a au fond de l'eau.
B). En pleine lagune, on ne se moque pas du crocodile.
C). Tel vous trompe par son sourire, mais vous coupe intérieurement en morceaux.
D). Ce qui se dit sur le cadavre du lion n'a jamais été dit de son vivant.
E). La vérité, comme les taches de la pintade, ne saura être dissimulée longtemps.

Correction linguistique

Consigne pour 66 : trouvez parmi les cinq phrases ci-dessous la seule qui ne comporte aucune faute d'orthographe d'usage, et/ou de grammaire.

QUESTION 66.
A). Je connais bien le quartier à la rénovation très difficile et délicate dont vous collaborez.
B). J'insiste là-dessus parce que c'est ce qu'il faut bien faire attention.
C). En arrivant le matin, la mer était gris vert et le soir elle était toute bleue.
D). Ce qu'il a besoin après tout, c'est qu'on le laisse travailler tranquille.
E). Elle était de plus en plus fatiguée ; elle y était d'ailleurs depuis des années.

Consigne de 67 à 70 : Indiquez la formulation orthographiquement et grammaticalement la plus correcte, la plus claire et la plus élégante pour exprimer le sens du passage souligné. Le choix A reprend la formulation initiale.

QUESTION 67. Ils finirent par opter pour la solution suivante, élégante, tenant compte des intérêts de chacun, et qui satisfit quasiment tout le monde.

A). Ils finirent par opter pour la solution suivante, élégante, tenant compte des intérêts de chacun, et qui satisfit quasiment tout le monde.
B). Finalement, ils optèrent pour la solution suivante et élégante, qui tint compte des intérêts de chacun, laquelle satisfit pour ainsi dire tout le monde.
C). Tenant en compte les intérêts de chacun, ils optèrent en fin de compte pour la solution suivante et élégante satisfaisant quasiment tout le monde.
D). Ils optèrent finalement pour l'élégante solution suivante, qui tenait compte des intérêts de chacun et satisfaisait à peu près tout le monde.
E). Ils optèrent in fine pour l'élégance de la solution suivante, tenant compte pour chacun de ses intérêts : quasiment tout le monde en fut satisfait.

QUESTION 68. Maussade, grande, noire, c'était une maison qui montrait fièrement dans l'ogive par dessus son portail, une croix de grès rouge, vieille, avec un peu de latin tout autour.

A). Maussade, grande, noire, c'était une maison qui montrait fièrement dans l'ogive par dessus son portail, une croix de grès rouge, vieille, avec un peu de latin tout autour.
B). C'était une grande maison, maussade et noire, toute fière de montrer, au-dessus de son portail en ogive, une vieille croix de grès rouge, avec un peu de latin autour.
C). Quelle grande maison, maussade et noire ! Fière elle était, de montrer, surplombant l'ogive de son portail, les bribes de latin qui entourait une croix, vieille et en grès rouge.
D). C'était une maison maussade grande et noire, toute fière en montrant, au-dessus de son portail en ogive, une croix de grès rouge, entourée d'un peu de latin.
E). C'était une maussade maison, grande, noire, toute fière en montrant, au-dessus de l'ogive de son portail, le grès rouge d'une vieille croix avec un peu de latin alentour.

QUESTION 69. Si le temps était beau demain, et que je puisse rentrer de bonne heure, je vous emmènerais, à supposer que vous ayez été sages en classe, visiter les grands magasins - pour peu du moins que vous en ayez encore envie.

A). Si le temps était beau demain, et que je puisse rentrer de bonne heure, je vous emmènerais, à supposer que vous ayez été sages en classe, visiter les grands magasins - pour peu du moins que vous en ayez encore envie.
B). Si vous aviez été sages en classe et si le temps était beau demain, je vous emmènerai visiter les grands magasins, à supposer que je puisse rentrer de bonne heure et que vous en ayez du moins encore envie
C). Si je puis, demain, rentrer de bonne heure et si vous en avez encore envie, je pourrais vous emmener visiter les grands magasins à condition que le temps soit beau et que vous ayez été sages en classe.
D). Si vous avez été sages en classe, demain, et si le temps a été beau, je vous emmènerais visiter les grands magasins, à condition que vous en ayez du moins encore envie, et si je peux rentrer de bonne heure.
E). Si je peux rentrer de bonne heure demain et si le temps était beau, je vous emmènerais visiter les grands magasins si vous en avez encore envie et si vous avez été sages en classe.

QUESTION 70. Alimentant un marché international en croissance rapide, en accompagnant de nouveaux rapports au vin, de nouvelles attentes, un nouvel imaginaire, les vins des "nouveaux mondes" (Amériques, Afrique australe, Océanie) portent un marketing efficace.

A). Alimentant un marché international en croissance rapide, en accompagnant de nouveaux rapports au vin, de nouvelles attentes, un nouvel imaginaire, les vins des "nouveaux mondes" (Amériques, Afrique australe, Océanie) portent un marketing efficace.
B). Les vins des "nouveaux mondes" (Amérique, Afrique australe, Océanie) sont portés par un marketing efficace, en alimentant un marché international en croissance rapide, accompagnant de nouveaux rapports au vin, de nouvelles attentes, un nouvel imaginaire.
C). Portés par un marketing efficace, les vins des "nouveaux mondes" (Amériques, Afrique australe, Océanie) alimentent un marché international en croissance rapide, accompagnant de nouveaux rapports au vin, de nouvelles attentes, un nouvel imaginaire.
D). Un marketing efficace porte les vins des "nouveaux mondes" (Amériques, Afrique australe, Océanie), qui alimentent un marché en croissance rapide, pour accompagner de nouveaux rapports au vin, de nouvelles attentes, un nouvel imaginaire.
E). Accompagnant de nouveaux rapports au vin, de nouvelles attentes, un nouvel imaginaire, les vins des "nouveaux mondes" (Amériques, Afrique australe, Océanie) sont portés par un marketing efficace, en alimentant un marché en croissance rapide.

Cohérence

Consigne de 71 à 75 : complétez avec la suite la plus cohérente.

QUESTION 71. (...) efforts du gouvernement, la vie augmente, (...) hausses saisonnières, (...) affecter sérieusement l'indice des prix.

A). Contrairement aux	et au vu des	il faut
B). En dépit des	du fait des	au point d'
C). À l'inverse des	compte tenu des	cela ne peut qu'
D). Malgré les	à cause des	il est inévitable d'
E). Peu importent les	à la suite des	de sorte qu'il est nécessaire d'

QUESTION 72. Les rapports entre les Turcs et les Européens furent, de très longue date, (...),
alternant des périodes de paix et de guerre, de coopération et de rivalité, depuis les croisades jusqu'à la Turquie républicaine, (...).

A). avec beaucoup d'amour et un peu de haine	en voguant sur le Bosphore
B). complexes et contradictoires	en passant par l'Empire Ottoman
C). passions et haines confondues	en courant les océans du globe
D). tumultueux et sanglants	en construisant l'Europe
E). exclusifs et jaloux	en courtisant les États-Unis

QUESTION 73. La politique énergétique des États-Unis est étroitement liée à leur doctrine de sécurité et influence de façon déterminante la géopolitique mondiale des hydrocarbures. (...) et (...) le secteur de l'énergie soit considéré comme une composante de la stabilité régionale, celle-ci n'a pas fait l'objet d'une réflexion approfondie au sein des États latino-américains jusqu'à une période récente.

A). Or	parce que
B). Désormais	après que
C). Par contre	sachant que
D). En revanche	bien que
E). Toutefois	du fait que

QUESTION 74. Les musées, éventuellement organisés en réseaux, produisent des expositions artistiques temporaires et (...), dont la visibilité, (...), tend à prendre le pas sur celle des collections permanentes.

A). de grande qualité	sincèrement perfectible
B). qui tendent à se sédentariser	artificiellement entretenue
C). à vocation itinérante	médiatiquement orchestrée
D). à visée éducative	grâce au bouche à oreille
E). de qualité moyenne	notoirement insuffisante

QUESTION 75. (...) de la qualité des études, le Ministre de l'éducation annonce la parution d'instructions nouvelles portant (...) sur les apprentissages de la langue française, le calcul, les sciences de la nature et la technologie.

A). À propos	notablement
B). Dissertant	nominalement
C). S'agissant	notamment
D). Évoquant	communément
E). Réagissant	constamment

FIN DU SOUS-TEST 5 ! Si les 20 minutes sont écoulées, pas de marche arrière possible.

Sous-test 6

Logique

Durée : 20 minutes
15 questions

Consignes

Les **huit premières questions** sont des problèmes d'intersection de deux séries. Chaque question contient deux séries, une série est présentée horizontalement et l'autre verticalement. Elles sont constituées de groupes de lettres ou de chiffres. Il s'agit pour vous de choisir parmi les cinq réponses qui vous sont proposées, le groupe de lettres ou de chiffres qui pourrait aussi bien appartenir à la série présentée horizontalement qu'à la série présentée verticalement et ainsi occuper **la place du point d'interrogation**.

Les **sept dernières questions** sont des problèmes de séries portant sur des données de nature spatiale. Chacune des séries est constituée de trois cases comprenant des graphiques suivies d'une case contenant un point d'interrogation. Les trois premières cases doivent vous permettre d'inférer le contenu de la case qui devrait occuper **la place du point d'interrogation**. La question porte donc sur le point d'interrogation et vous devez choisir votre réponse parmi les cinq propositions de réponses qui vous sont faites.

TOP DÉPART ! A partir de maintenant, vous avez 20 minutes pour effectuer ce sous-test.

QUESTION 76.

		B Q Z		
		Y I C		
X K B	C N V	?	E J E	K O F
		T G E		
		F A U		

A) L R D B) D H D C) T J Z D) D K E E) P I C

QUESTION 77.

		596		
		275		
		953		
		630		
169	91	?	104	130

A) 747 B) 219 C) 143 D) 384 E) 117

QUESTION 78.

	M Z V			
F H D	?	R L I	W N T	E PB
	K W T			
	S B J			
	I O R			

A) U D L B) P K K C) U J L D) P K L E) U J V

QUESTION 79.

792	572	187	231	?
				754
				349
				367
				592

A) 484 B) 196 C) 735 D) 432 E) 264

QUESTION 80.

		G I K		
		P R T		
O T Y	F R N	?	V N D	H L U
		O Q S		
		T V X		

A) E G I B) K R B C) C D K D) N P R E) M P S

QUESTION 81.

?	2543	9155	6235	3012
4205				
8162				
6549				
7284				

A) 2651 B) 6244 C) 6395 D) 5357 E) 3241

QUESTION 82.

B Y K
C R I
F G I   P Q S   ?   U V X   M N O
E W E
F H C

A) D E F   B) P I G   C) D T G   D) D E G   E) A T F

QUESTION 83.

715   542   ?   584   655
573
391
823
360

A) 335   B) 227   C) 353   D) 645   E) 533

QUESTION 84.

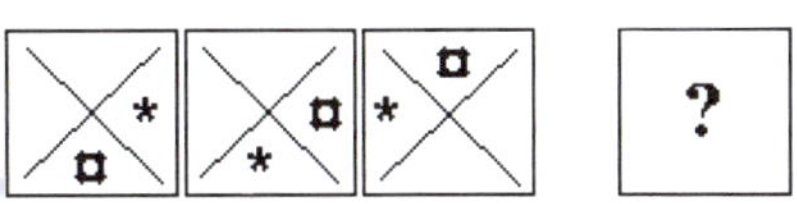

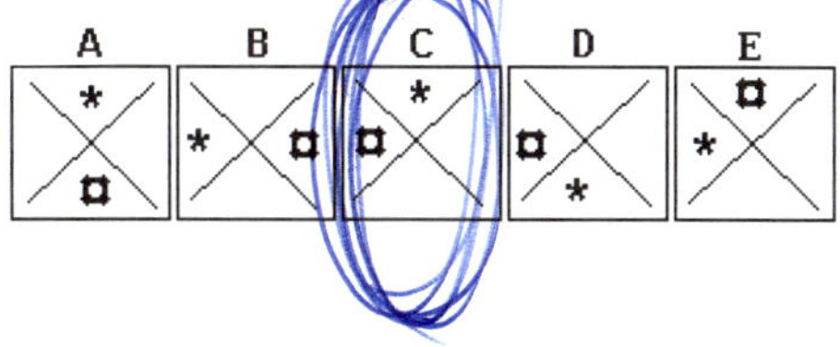

QUESTION 85.

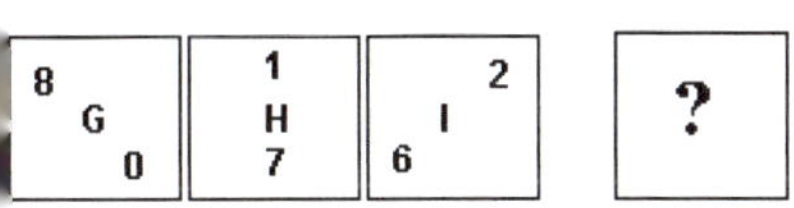

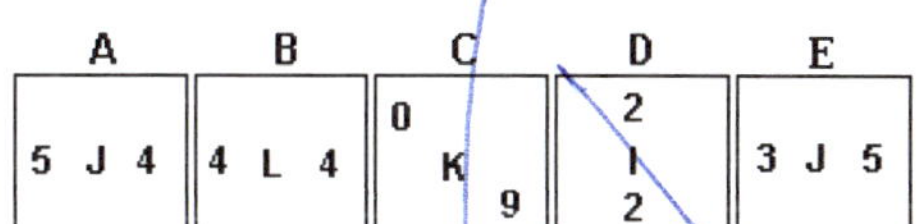

QUESTION 86.

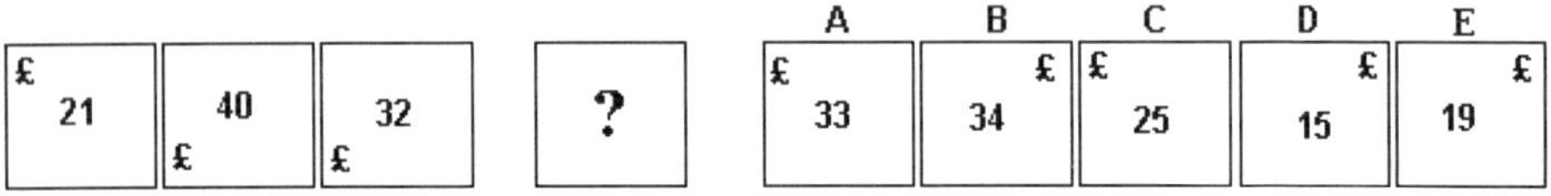

QUESTION 87.

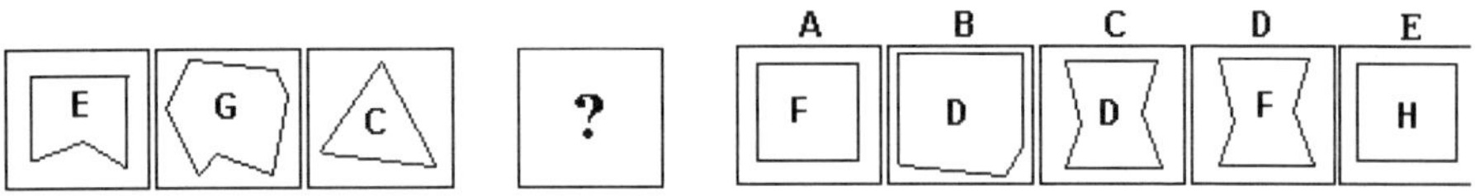

QUESTION 88.

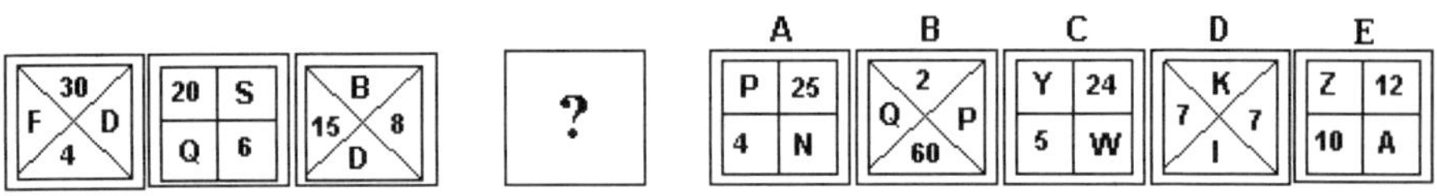

QUESTION 89.

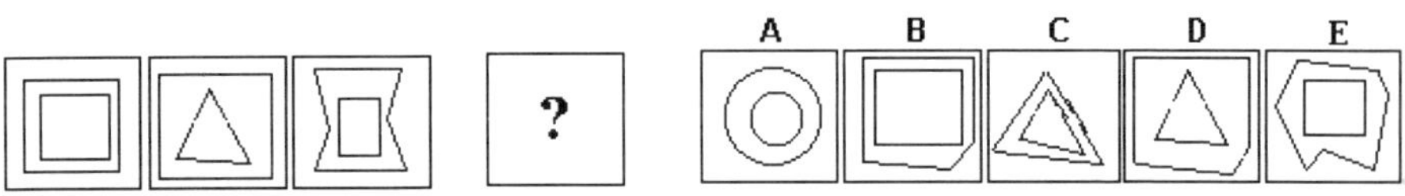

QUESTION 90.

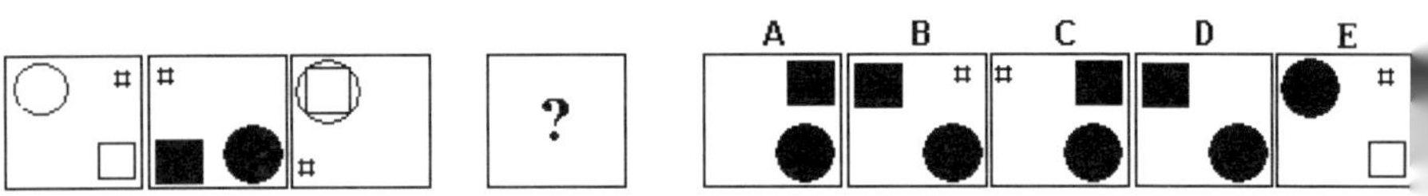

FIN DU SOUS-TEST 6 ! Si les 20 minutes sont écoulées, pas de marche arrière possible.

FÉLICITATIONS !

Vous avez maintenant terminé les trois tests présents dans les Annales Officielles du TAGE MAGE.

Pour accéder à d'autres questions et tests, vous pouvez télécharger nos applications TAGE MAGE sur iPad et sur iPhone, à partir de l'App Store.

Nous vous souhaitons bonne chance pour le jour J !

Réponses test TAGE MAGE n°3

SOUS-TEST 1		SOUS-TEST 2		SOUS-TEST 3	
Questions	Réponses	Questions	Réponses	Questions	Réponses
1	D	16	B	31	C
2	D	17	C	32	B
3	C	18	E	33	E
4	D	19	A	34	A
5	E	20	D	35	D
6	C	21	C	36	C
7	D	22	E	37	E
8	B	23	B	38	D
9	E	24	D	39	A
10	E	25	A	40	B
11	C	26	D	41	C
12	D	27	C	42	D
13	B	28	E	43	D
14	E	29	E	44	B
15	C	30	B	45	A

SOUS-TEST 4		SOUS-TEST 5		SOUS-TEST 6	
Questions	Réponses	Questions	Réponses	Questions	Réponses
46	D	61	D	76	B
47	B	62	C	77	E
48	E	63	B	78	C
49	C	64	A	79	A
50	C	65	E	80	D
51	A	66	C	81	B
52	E	67	D	82	D
53	A	68	B	83	A
54	C	69	A	84	C
55	D	70	C	85	E
56	B	71	B	86	A
57	D	72	B	87	D
58	A	73	D	88	C
59	B	74	C	89	E
60	D	75	C	90	A

ISBN : 978-2-86897-100-5
Prix : 29 €

Editeur © FNEGE
Fondation Nationale pour l'Enseignement de la Gestion des Entreprises
2 avenue Hoche - 75008 PARIS

Imprimeur © JOUVE
1 rue du Docteur Sauvé - 53100 MAYENNE
Date d'achèvement du tirage : DÉCEMBRE 2012

Dépôt légal : DÉCEMBRE 2012

NOTES

NOTES

NOTES

NOTES

NOTES

NOTES

NOTES

NOTES

NOTES

NOTES

NOTES

NOTES

NOTES

NOTES

NOTES

NOTES

NOTES

NOTES

NOTES

NOTES